すぐわかる 問題解決法

ビジネスマン必携の本

細谷克也 編著

身につく！ 問題解決型・課題達成型・施策実行型

日科技連

はじめに

　企業を取り巻く経営環境は，ますます厳しさを増しています．今，求められているのは，グローバル化で一段と激しくなった経営環境の変化に動ぜず，日々，変革を当たり前とする"スピードのあるしなやかな革新"です．

　品質を中核において，インターネットなどのIT（情報技術）を経営のインフラとして活用し，顧客満足の創出，魅力ある新製品の開発，製品開発期間の短縮および大幅なコスト削減……などの実現にあります．

　ここにおいて重要となるのが，企業や職場における問題解決活動です．企業や職場の中には，早急に解決しなければならない重要問題が山積されているにもかかわらず，それが放置されているか，または困難であるという言い訳のもとに，解決されないままになっています．

　今，企業や職場において最も問われていることは，ビジネスマン一人ひとりの旺盛な問題形成能力と，それをつぶす問題解決能力です．そして，それを醸成する職場における活発な問題解決活動です．

　筆者は多くの企業のTQMの推進をお手伝いしてまいりました．常に，そこで目指してきたことは，足腰の強いTQM活動であります．つまり，問題解決活動を促進し，職場の一人ひとりの問題解決能力を高め，この力を使って企業が抱えている重要課題をテーマとして設定し，これをつぶすことにより，究極のコストを極め，世界最高の品質を提供するということです．

　このやり方は，多くの企業，たとえばコニカ㈱，前田建設工業㈱，NEC関西㈱，NEC無線電子㈱，㈱イトーキクレビオ，㈱前田製作所，㈱ミヤマ工業，フジミ工研㈱，㈱アマダワシノ，㈱ダイヘン，松下電工㈱などにおいて実施してきました．その結果，企業の競争力が強化できるとともに，いずれも品質管理実践の最高の賞であるといわれる「デミング賞実施賞」を受賞することができました．

　これらの企業におけるやり方をコニカ㈱日野生産事業部SQCチームの人たちの協力を得て一般化し，普遍化したものが本書です．

本書では，企業におけるビジネスマンを読者対象にしています．そして，今まで問題解決の方法として利用されてきた「問題解決型」，「課題達成型」に「施策実行型」を加えた3つの型についてやさしく解説しました．

　よって，これ1冊で，次のことがわかります．
（1）重要問題の設定の仕方
（2）問題解決の型の使い方と問題解決の方法
（3）企業における問題解決活動を活発にするための進め方

　問題解決の方法については，各「型」の手順毎に，"実施の手順""ポイント"を述べ，それを"事例"で具体化するという手法をとりました．したがって，本書を読むだけで，ひとりでに問題解決のやり方が，「うーん，なるほど，こうやればいいのか」とわかっていただけます．

　本書が，これからの時代に要求される問題解決に強い人の育成に，問題解決に強い企業への変革に役立つことを確信しています．

　本書の完成に当たっては，QC界の諸先生の永年にわたるご教示によるところが極めて大です．コニカ㈱米山高範会長，小林良一郎東京事業場長には何かとご高配を賜りました．また，課題達成型については狩野紀昭東京理科大学教授を始めとする研究者のご努力に負うところが多々あります．これらの関係各位に，ここに紙上を借りて厚くお礼申し上げます．

　また，本書の出版に関して，ひとかたならぬお世話になった㈱日科技連出版社の清水彦康部長，戸羽節文課長に深く感謝します．

2000年10月1日

編著者　細谷克也

本書の読み方・使い方

　本書は，ビジネスマンのための問題解決活動の手引書です．職場の重要問題をテーマに設定して，これを見事に解決するためのやり方を示したものです．

《本書の特徴》

(1) 重要問題の設定の仕方がつかめます．
(2) 問題解決の方法として有効な3つの型（「問題解決型」，「課題達成型」，「施策実行型」）の進め方について説明します．
(3) 問題解決の3つの型の使い方をズバリ教えます．
(4) 問題解決の型のそれぞれについて，各手順毎に"実施の手順""ポイント""事例"により，具体的に，わかりやすく記述しました．
(5) 指導者・支援者が，問題解決に当たって，どのように関わり，指導すればよいのか，そのポイントとコツを明示してあります．
(6) 企業における問題解決活動を活発化するためには，どのようなしくみ・しかけでやればよいのかがわかります．

《本書の対象者》

　すべてのビジネスマンを対象にしています．
　事務系・技術系，一般社員・スタッフ・監督者・管理者，グループのメンバー・リーダーのすべてを対象としています．ビジネスマンが読まないと損をする本です．

《使い方》

(1) 問題解決活動の手引書，参考書として活用する．
(2) 問題解決法に関する社内・社外講習会を開催し，そのテキストとする．本書を用いた講習会のカリキュラムを，次表に示しておきます．
(3) 管理者や監督者が，問題解決活動を指導・支援するときの参考書とする．

(4) 経営者や推進者が，問題解決活動を推進し，活発化させたいときの参考書とする．

本書による講習会のカリキュラム（例）

時間	講義題目	テキストの範囲
9:00～10:15	問題解決法（問題解決活動の重要性，問題の設定，問題解決の方法，型の使い分けなど）	1章
10:30～12:00	問題解決型による解決法（手順，ポイント，事例）	2章
13:00～14:00	課題達成型による解決法（手順，ポイント，事例）	3章
14:00～14:30	施策実行型による解決法（手順，ポイント，事例）	4章
14:45～15:30	問題解決向上のための会社的取り組み（経営トップの役割，会社的組織，支援の仕方，評価など）	5章
15:45～16:30	問題解決事例の発表	事例を用意する
16:30～17:00	総合質疑	

［休憩時間］ 10:15～10:30，12:00～13:00，14:30～14:45，15:30～15:45

《読み方》
(1) 第1章から終わりまで順番に読む．なるべく，この方法を勧める．
(2) 特に必要としている問題解決の型を選び，該当の章を読む．
(3) いろいろな問題や疑問にぶつかったときに，目次，あるいは索引を使って必要な箇所を選び出して読む．

《勉強のしかた》
(1) 社内講習会を実施する．講師はできるだけ社内，社外の問題解決活動の指導実績のある経験者に依頼する．
(2) グループで勉強会を持ち，輪読しながら学ぶ．
(3) 独りで自学自習する．

教訓：学びつつ実践してみること．実践により新しい体験が得られ，問題解決能力が高められるのです．

目 次

はじめに　iii
本書の読み方・使い方　v

第 1 章　問題解決のやり方を理解する ……………………… 1

1.1　問題解決活動の重要性　4
  1.1.1　職場の運営　4
  1.1.2　職場の問題　4

1.2　問題の設定　7
  1.2.1　問題とは何か　7
  1.2.2　問題の設定方法　9
  1.2.3　問題と課題の違い　11

1.3　問題解決の方法　12
  1.3.1　問題解決の手順の必要性　12
  1.3.2　問題解決型の手順　14
  1.3.3　課題達成型の手順　16
  1.3.4　施策実行型の手順　18
  1.3.5　問題解決の手順と QC ストーリー　18

1.4　問題解決の型の使い分け　20
  1.4.1　「問題解決型」が基本　20
  1.4.2　「問題解決型」を選択した方が良い場合　23
  1.4.3　「課題達成型」を選択した方が良い場合　24
  1.4.4　「施策実行型」を選択した方が良い場合　25
  1.4.5　問題解決の型の乗り換え　26

1.5　方針管理と問題解決活動　27
1.6　日常管理と問題解決活動　28
1.7　問題解決とグループ活動　29

1.8　問題解決における QC 手法の重要性　　*30*
1.9　問題解決のための基本的態度　　*35*

第 2 章　問題解決型で解決する　　*37*

手順 1　テーマの選定　　*40*
手順 2　現状の把握と目標の設定　　*46*
手順 3　活動計画の作成　　*58*
手順 4　要因の解析　　*61*
手順 5　対策の検討と実施　　*72*
手順 6　効果の確認　　*82*
手順 7　標準化と管理の定着　　*91*

第 3 章　課題達成型で解決する　　*97*

手順 1　テーマの選定　　*100*
手順 2　攻め所と目標の設定　　*105*
手順 3　方策の立案　　*116*
手順 4　成功シナリオの追究　　*120*
手順 5　成功シナリオの実施　　*124*
手順 6　効果の確認　　*132*
手順 7　標準化と管理の定着　　*138*

第 4 章　施策実行型で解決する　　*141*

手順 1　テーマの選定　　*144*
手順 2　現状の把握と対策のねらい所　　*148*
手順 3　目標の設定　　*154*
手順 4　対策の検討と実施　　*158*
手順 5　効果の確認　　*166*
手順 6　標準化と管理の定着　　*172*

第 5 章　問題解決の活動を活性化させる …………………… 179

  5.1　経営トップの役割　　*181*
    5.1.1　社員をやる気にさせる　　*181*
    5.1.2　問題解決の活動ができるように環境を整えること　　*182*
  5.2　問題解決活動の全社的組織　　*182*
  5.3　問題解決支援チームによる支援　　*186*
  5.4　問題解決活動の評価　　*188*
    5.4.1　評価表の作成　　*190*
    5.4.2　評価の方法　　*190*
  5.5　問題解決活動の活性化　　*191*

引用・参考文献　　*199*
索引　　*200*

■用語解説　　*36, 59, 86, 157*

第1章

問題解決のやり方を理解する

第1章　問題解決のやり方を理解する

この章のねらい

　本章では，問題解決法の基本的事項について述べます．

(1) 問題解決活動の重要性

　企業や職場を取り巻く厳しい経営環境の中で，次々と新しい問題が発生しています．これらの重要問題を捉えて，スピードのある問題解決を図っていかなければ，企業は勝ち組になることができません．今，問われているのは，職場の問題解決能力とその活動なのです．

(2) 問題の設定

　"問題"とは，「あるべき姿や目標と，現状との差（ギャップ）のこと」です．問題意識を旺盛にして重要問題を抽出し，これをグループでつぶしていくことが必要です．

(3) 問題解決の方法

　問題解決を合理的，効率的，効果的に進める上手な方法は，問題解決の定石，つまり"問題解決の手順"に従って一歩ずつ確実に進めていくことです．ここでは，問題解決に有効な手順を3つの型（「問題解決型」，「課題達成型」，「施策実行型」）に分類して説明します．

(4) 問題解決の型の使い分け

　問題解決に当たって，問題解決の3つの型のうちどの"型"を使ったらよいのか，型の選択の仕方について説明します．もっとも，問題解決の基本は，あくまでも「問題解決型」にあることは言うまでもありません．

(5) 問題解決活動とその周辺

　問題解決活動と方針管理・日常管理との関係，問題解決活動のためのグループの構成，問題解決のためのQC手法の重要性などについて解説します．

1.1 問題解決活動の重要性

1.1.1 職場の運営

　職場の基本的な任務は，組織（部や課，係など）が分担した役割を上位方針に従って着実に遂行することですが，この中には次のような問題への取り組みも含まれています．
　① 新製品の開発と品質の向上．
　② 販売量の拡大や生産量の確保，作業の効率化．
　③ コストの削減および利益の確保．
　④ 職場に必要な技術・技能の開発．
　⑤ 人材の育成，職場風土の醸成．
　⑥ 経営環境や市場状況などの変化への対応．
　これらは，管理者1人でできるものではありません．組織の力を結集して初めて達成できるものです．
　いつの時代も，企業や職場を取り巻く環境は厳しいものです．これまでいかに努力して成果をあげてきたとしても，これで十分ということはありません．他社との比較，技術や市場動向の最新情報など，経営環境の変化についてのしっかりした把握，それが将来に向けてどのように変化していくのかの見極めも必要です．
　そのうえで，あくなき可能性への追究が望まれます．その追究も従来であれば，変化への対応はゆるやかに順応すればよかったのですが，スピードの速い時代にあっては，即応が必要です．組織には，重要問題を次々と解決し，早く効果を出すことが求められています．

1.1.2 職場の問題

　私たちの会社や職場で起こっているいろいろな問題を列挙すると，次のようなものがあります．
　① ネック技術の解決が進まず，新製品が開発できない．

② 品質が悪く，不良率やクレーム件数が一向に減らない．
③ 販売の拡販が進まず，売上高もシェアも伸びない．
④ 災害防止が進まず，事故や災害が減らない．
⑤ 納期管理がまずいため，納期遅れが多い．
⑥ コストの削減が進まない．
⑦ 手直しやミスが減らない．
⑧ 情報のシステム化が進まない．
⑨ 設備の故障率が低減しない．
⑩ お客様のお待たせ時間が長い．
⑪ 予約のキャンセルが多い．
⑫ 経費がかかり過ぎている．

これらの問題を解決しないと，職場の役割も果たせないし，業績も良くなりません．

いくつかの会社の例を見てみましょう．

[例 1]

(1) 問題点——わが社は TQM を導入し，方針管理を実施しています．社長診断も年2回実施し，全員熱心に取り組んでいます．しかし，期末にチェックしてみると，目標の達成度が悪く，方針の6割が未達項目になっています．

(2) 処方箋——これは問題解決活動を軽視し，活動を実施していないことによると思われます．もともと年度方針に基づいて設定した目標は，挑戦的な要素が多いため，従来のやり方のままでは未達になりがちです．方針から割り出されてきた問題をテーマとして設定し，問題解決活動が展開され，これに十分力を注がなければ方針は達成できません．

[例 2]

(1) 問題点——品質保証体系図も整備しましたし，ISO 9001 の要求事項を

満たした品質マネジメントシステムに従って日常の業務を進めていますが，不良やクレームは少しも減りません．これでは ISO を導入した意味がありません．

(2) 処方箋——これは多分，形だけの品質保証を進めているためです．形式的に品質保証体系図や品質マネジメントシステムをつくって，「これが当社の品質保証の進め方です」といっても，不良品やクレームが減少するものではありません．

不良品やクレームについて思いつくままに応急処置や現象面の対策を打つのではなく，不良品やクレームの発生原因について解析し，その原因を見つけて，これについて再発防止対策を施さなければなりません．そして，品質保証システムを充実させていくことが肝要です．ここに問題解決活動が必要となるのです．

[例 3]

(1) 問題点—— QC サークル活動を推進中です．しかし，テーマ解決件数は 1 サークル当たり年間 0.2 件程度と低く，サークル活動も停滞しています．品質管理や QC サークルについてずいぶん教育も実施したのですが……．

(2) 処方箋——問題は「どのような教育を実施したのか」です．ただ形式的に「講習会を実施した」ということでは，このようになるのもやむを得ないでしょう．

テーマ選定の方法，問題解決の手順，QC 手法の活用の仕方などをきちんと教育し，管理者の適切な指導がないと，このようになってしまいます．問題解決のやり方を教育し，これを実践すればよいのです．

問題解決活動のない職場運営は，腰くだけになります．足腰の強い職場活動——それは問題解決能力の高い "問題解決活動の推進" にあるといえます．問題解決活動は職場における基本的活動なのです．

1.2 問題の設定

1.2.1 問題とは何か
(1) 問題とは
まず最初に，問題という言葉の意味について明らかにしておきましょう．
『広辞苑』（新村出編，岩波書店）によると，"問題"とは，
① 問いかけて答えをさせる題，解答を要する問．
② 研究・論議して解決すべき事柄．
③ 争論の材料となる事件，面倒な事件．
と記述されています．
ここでは，次のように定義しておきます．
"問題"とは，
「解決すべき事柄であって，あるべき姿や目標と，現状との差（ギャップ）のこと」[1]
を言います（**図 1.1**）．
　言葉を変えて言えば，問題とは，「あるべき水準や希望の水準と現在の水準との差，または望ましくない状態・悪さ加減・観測値と希望値との差」と言え

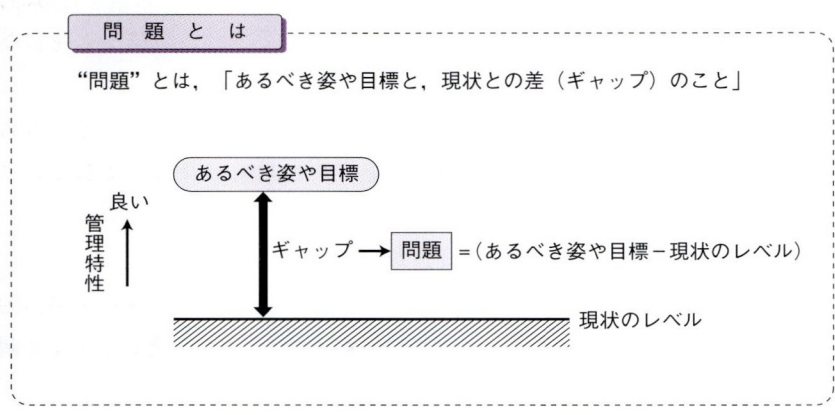

図 1.1　問題とは

ます．

（2） 問題の分類

"問題"を分類してみると，次のように分けることができます．

(1) 問題の発生時点による分類[2]

① 発生型の問題：

現在起こっている問題および現時点で予測される問題．

② 探索型の問題：

現在特に問題が発生しているわけでないが，目標を現在よりも高くおくことによって，意識的にギャップをつくり出すというタイプの問題．

③ 設定型の問題：

将来の新しいチャンスを求める，あるいは将来のリスクに対処する問題．

(2) 現状との比較の仕方による分類[3]

① 現状維持の問題：

これまではうまくいっていたが管理不十分のため，異常が出たり，レベルが下がったような場合に，もとのレベルや幅へ戻そうという問題．

② 現状打破の問題：

従来の考え方を転換して新しい発想のもとに，現状の状態を打破し，より高いレベルへと向上させる問題．

(3) 問題の出し方による分類[4]

① 日常ぶつかった問題：

日常の管理において発生した異常をつぶす問題．

② 与えられた問題：

管理者や他部門から指示されたり，依頼された問題．

③ 探し，創り出した問題：

現状は比較的うまく行っているが，これに甘んじていないで，積極的に問題を掘り起こし，新しく創り出した問題．

(4) 問題の特性による分類[5]

① ゼロ問題：
　　理論的にはゼロとすることが可能な特性についての問題．
② 低減問題：
　　低減することが好ましいが，論理的にゼロとすることが一般的には不可能な特性についての問題．
③ 増加問題：
　　増加させることが好ましい特性についての問題．

1.2.2　問題の設定方法

職場には，たくさんの問題がゴロゴロ転がっています．それなのに，
- 自分の職場には問題がない
- 仕事は順調にうまく進んでいる
- グループで問題解決活動をやろうとしてもテーマがない

などの声を聞きます．

　これは本当に問題がないのではなく，「問題に気がついていない」か「問題を見つけ出そう」，「より高いレベルを設定して挑戦していこう」という気がないだけです．

　世の中は速いスピードで変化しています．幅の狭いネクタイが流行したかと思うと幅広のネクタイがはやったり，高級感のある車より日本的な優雅さのある車が評判を呼んだり，その移り変わりはすさまじいばかりです．機能面を見ても，たとえばパソコンやテレビの画面表示にしてもモノクロからカラーへ，そして液晶カラーへ，電話機で見るとダイヤル式がプッシュ式へ，そして留守番電話機能の付加からコードレスへ，そして携帯電話へと激しく変化しています．

　したがって，ある時点では最良の品質の製品であっても，いつの間にか競争会社からもっと良い品質のものが出されたり，また時代の要求に添えなくなって顧客からあきられてしまったりして，シェアを落としてしまうことになります．

これらを防ぐには，いつも「現状で十分です」と言って満足せず，高い挑戦目標を持ち，新しい問題を設定して，問題解決を図ることが大切です．

このように，「問題をなんとかつぶしていこう！　問題はどこにでもあるはずだ！」という意識を"問題意識"といい，問題の発見に当たって重要な心構えの1つです．

問題の発見，問題点の抽出に当たっては，次の点に着眼するとよいでしょう（**図 1.2**）．

① あるべき姿と比較し，弱い点・改善・向上すべきところを見つける．
② ユーザーニーズや市場の要求を把握し，これと現状とを比較し，ギャップをつかむ．
③ 上位方針をよく検討し，この方針の展開，実施上の問題をつかむ．また，方針に対応する管理項目の目標の達成度をチェックする．
④ 日常業務を進めるうえで困っている点は何かを調べる．

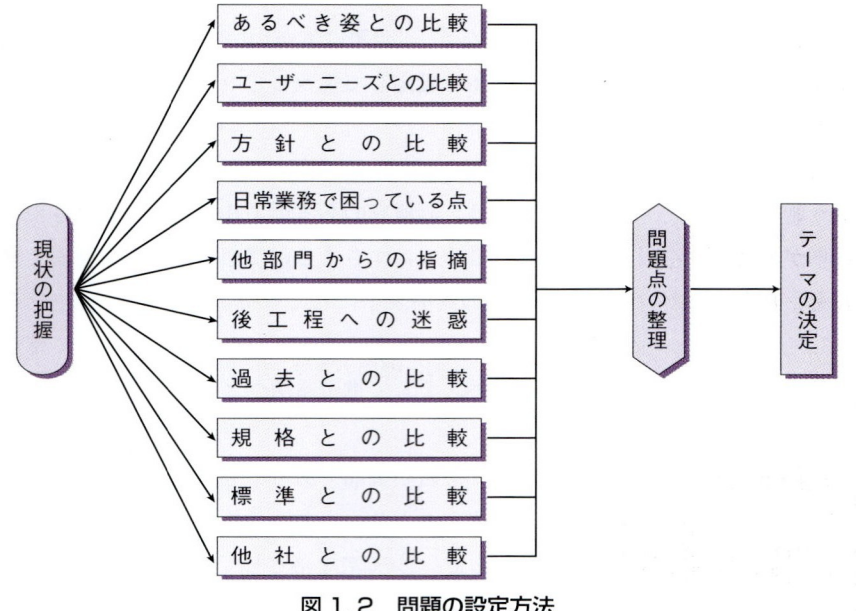

図 1.2　問題の設定方法

⑤ 他部門から要望されていること，指摘されていることはないかを調べる．
⑥ 後工程に迷惑を与えていないか，自部門の役割を十分に果たしているかどうかを検討する．
⑦ 過去の実績と比較し，従来より悪くなっていないか，あるいは傾向が良くなっているかを見る．
⑧ 規格や仕様をチェックし，不良や不具合な点はないかを調べる．
⑨ 標準は良いかどうか，標準は守られているかどうかをチェックする．
⑩ 他社品や他社の状況などと比較して，良い点，劣っている点を探す．

1.2.3 問題と課題の違い

　問題解決活動に取り組むに当たり，後述のように「問題解決型」とか「課題達成型」などの型が用意されているように，「問題」と「課題」という用語をどのように使い分けるのか……という疑問があります．

　日常生活の中でもとかく混同しがちな2つの言葉について，まず国語辞典で調べてみると，**表1.1**に示すように，この2つの言葉の意味は似たようなものであることがわかります．

　用語の解釈では，問題の中に課題も含まれているようです．

　一般的な用語としての「問題」とは，「現状の姿とあるべき姿・目標とのギャップのこと」をいい，顕在化しているものだけでなく，潜在化しているものも含まれます．

表1.1　問題と課題の意味

辞書	問題	課題
広辞苑 （岩波書店）	研究・議論して解決すべき事柄	題を課すること．また，課せられた題
大辞林 （三省堂）	①取り上げて討論・研究してみる必要がある事柄．解決を要する事項 ②取り扱いや処理を迫られている事柄	①仕事や勉強の問題や題目 ②解決しなければならない問題

一方,「課題」とは,このような問題の中で,解決しなければと認識したもののことです.

　いずれにしても,類似の用語ですので,本書では,問題と課題という言葉については,区別をしないで用いることにします.すなわち,一般に問題解決活動と言えば,その中に問題解決も,課題達成も含んでいると考えます.

　そして,問題解決の方法として,①問題解決型,②課題達成型,③施策実行型という3つの方法があるということです.

1.3　問題解決の方法

1.3.1　問題解決の手順の必要性

　問題解決の基本は,「問題解決の手順」にあります.問題解決の手順に沿って進めなくても問題解決はできます.また,そのような問題解決でも大きな成果が得られることもあります.

　では,なぜ「問題解決の手順」が必要なのでしょうか？　問題解決の手順とは関係なく,がむしゃらに自己流で問題解決するのではいけないのでしょうか？

　ほかの場合ではどうでしょうか？　たとえばスポーツでは,まず基本動作,野球ならボールの正しい投げ方,捕り方,打ち方を練習します.中には,こんなまどろっこしいことをしなくても,天性の才能があって,練習をしなくても速球が投げられたり,長打を飛ばすことのできる人もいると思います.

　問題解決についても天性の才能を持った人がいます.しかし,一般の人はそうはいきません.「問題解決の手順」は,問題解決のためのうまいやり方をパターン化したものですから,これに従えばどんな場合でも,誰でも,レベルの高い問題解決が可能となるのです.

　"問題解決の手順"とは,
　「問題を解決するために踏むべき手順のこと」
です.

「この手順に従って問題に取り組めば，困難な問題に対しても，誰がやっても，どのグループでも，合理的，効率的，効果的に解決できるという問題解決の定石」のことを言います．

問題解決では，事実に基づき，科学的に考え，正しい判断を下すことが大切です．つまり，実際に現場（現地）に行き，現物を前にして，現実を観察，観測し，得られたデータを活用して科学的に考え，正しい判断を下しながら進めることとなります．安易なKKD（経験・勘・度胸）だけで問題解決に当たると，目標に対し不十分な結果に終わったり，回り道をして解決までに時間が大幅にかかったりする場合が多いので，注意が必要です．

問題解決をうまく，早く，効果的に進めるためには，問題解決の手順に沿った進め方をするとともに，その過程で日頃から磨いている固有技術を活用することが結果としての早道です．つまり，問題となっている事象についての知識や経験などに裏打ちされた固有技術がないと問題発生のメカニズムを明らかにすることはできませんし，対策の立案でも良い案が浮かんできません．問題解決の手順について学ぶだけでなく，職場における固有技術の伝承，育成も忘れてはなりません．

「問題解決の手順」には，問題の性質により次の3つの型があります（**図1.3**）．

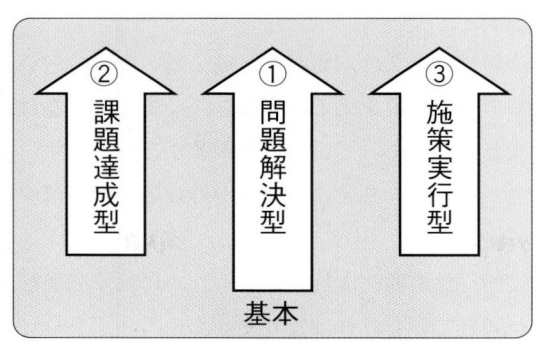

図1.3 「問題解決の手順」の3つの型

① 問題解決型
② 課題達成型
③ 施策実行型

1.3.2　問題解決型の手順

効果的に問題解決を進めるコツ——それは問題解決の定石を身に付けるということでしょう．

職場の問題解決に当たっては，データに基づく実証的問題解決法が提唱され，活用されています．これは"問題解決法"（"QC的問題解決法"と言われることもある）と呼ばれ，その適用範囲が広く，確実性が高いため，多く利用されています．

この問題解決法の基本——それが表1.2に示す「問題解決型の手順」です．一般に，この手順は「問題解決の手順」と呼ばれていますが，本書では3つの型を区別するため"型"を付けて表現しています．

「問題解決型の手順」については，多くの人からいろいろな手順が紹介されています．手順の数も8つのものがあったり，15まで細分化されているものもあります．ここでは，㈶日本科学技術連盟の品質管理セミナーで一般化されているものを，表1.2に示します．この表では，「テーマの選定」から「標準化と管理の定着」にいたる手順を7つの段階に分けてあり，これを「問題解決型の手順」といいます．

従来の問題解決のプロセスは，問題を経験・勘・度胸・思いつきなどにより見通し，これに基づいて対策を立てて実施し，うまくいかなければやり直すという試行錯誤の繰り返しによっていることが多かったのです．これでは経験や固有技術が浅いとうまくいきませんし，勘が外れると問題解決は不可能になってしまいます．

問題解決を効果的，効率的に実施していくためには，問題解決の進め方が論理的であり，筋が通っていなければなりません．

「問題点→要因の究明→対策の実施→効果の確認」の手順で，一貫性のある

表1.2　問題解決型の手順

	手　　順	実　施　要　領
手順1	テーマの選定	● 問題をつかむ ● テーマを決める
手順2	現状の把握と目標の設定	現状の把握 　● 事実を集める 　● 攻撃対象（管理特性）を決める 目標の設定 　● 目標の3要素（管理特性，目標値，期限）を決める
手順3	活動計画の作成	● 実施事項を決める ● 日程，役割分担などを決める
手順4	要因の解析	● 特性の現状を調べる ● 要因をあげる ● 要因を解析（調査・検証）する ● 対策項目を決める
手順5	対策の検討と実施	対策の検討 　● 対策のアイデアを出す 　● 対策の具体化を検討する 　● 対策内容を確認する 対策の実施 　● 実施方法を検討する 　● 対策を実施する
手順6	効果の確認	● 対策結果を確認する ● 目標値と比較する ● 有形・無形の効果を把握する
手順7	標準化と管理の定着	標準化 　● 標準を制定・改訂する 　● 管理の方法を決める 管理の定着 　● 関係者に周知徹底する 　● 担当者を教育する 　● 維持されていることを確認する

活動を展開することが重要です．そのためには，「問題解決型の手順」に従って，一歩ずつ確実に進めながら問題を煮つめ，対策を立てていくのがよいのです．この手順は，問題を合理的に解決していくための1つの科学的アプローチ法と言えます．

1.3.3　課題達成型の手順

「問題」とは，経営や職場運営のために解決を必要とすることがらですが，従来からの仕事のやり方を捨てて，新たな方策を追究して現状の水準を大幅に改善するとか，従来にないまったく新しい仕事とかいったものがあります．

経営環境の変化にともなう競争の激化とともに，
① 新規事業の達成
② 新工場・新ラインの垂直立ち上げ（立ち上げ即フル稼働が可能な状態にすること）
③ 画期的な原価低減（コスト 1/10 など達成困難な原価削減）

などに取り組む場合，新たなアプローチが必要となってきます．このような問題では，方策を構築するためにアイデアの抽出や成功シナリオの追究と実施が重視されます．そこで登場したのが，表 1.3 に示す「課題達成型の手順」です．この手順は，東京理科大学教授 狩野紀昭博士等の研究によって開発されたもので，一般には，「課題達成の手順」[6] と呼ばれていますが，本書では3つの型を区別するために，"型"を付けて表現します．

ここで注意しなければならないことは，課題という言葉にとらわれて，安易に「課題達成型の手順」に取り組むことのないようにすることです．

「課題達成型の手順」を進める場合の大きなポイントは，次の2つです．
(1) まず，ありたい姿をイメージし，現在の姿とのギャップから攻め所を明確にすることが大切です．攻め所を間違えると期待するほどの効果が出ません．攻め所についてのしっかりした吟味が必要です．
(2) 問題解決のときと同様に，原理・原則に裏打ちされた固有技術が必要となります．また同時に，豊かで自由な発想が必要となります．どちらも

表 1.3 課題達成型の手順

手　順		実　施　要　領
手順 1	テーマの選定	● 問題・課題の洗い出し ● 問題・課題の絞り込み ● 取り組む必要性を明確にする ● テーマを決める
手順 2	攻め所と目標の設定	攻め所（着眼点）の明確化 　● ありたい姿を設定する 　● 現状の姿を把握する 　● 前提条件を把握する 　● ギャップと攻め所（着眼点）を明確にする 目標の設定 　● 目標の3要素（目標項目，目標値，期限）を明確にする 　● 実施事項を決める 　● 日程，役割分担などを決める
手順 3	方策の立案	● 方策案（アイデア）を列挙する ● 方策案を絞り込む
手順 4	成功シナリオの追究	成功シナリオの追究 　● シナリオを検討する 　● 期待効果を予測する 　● 障害の予測と事前防止策を検討する 　● 成功シナリオを選定する
手順 5	成功シナリオの実施	成功シナリオの実施 　● 実行計画を策定する 　● 成功シナリオを実施する
手順 6	効果の確認	● 成功シナリオの実施結果を確認する ● 目標値と比較する ● 有形・無形の効果を把握する
手順 7	標準化と管理の定着	標準化 　● 標準を制定・改訂する 　● 管理の方法を決める 管理の定着 　● 関係者に周知徹底する 　● 担当者を教育する 　● 維持されていることを確認する

日頃からの教育・訓練で養う必要がありますが，特にアイデアを出すための方法については，次のような方法がありますので，よく研究することが大切です．

  （例）① ブレーン・ストーミング法．
     ② チェックリスト法．
     ③ 特性列挙法．
     ④ 欠点列挙法．
     ⑤ 希望点列挙法，など．

1.3.4　施策実行型の手順

問題の中には，「何を，どうすればよいか」がほぼ見え，手間のかかる要因解析をしなくても解決できるような問題もあります．

このような問題を解決するため，問題解決活動の幅を広げ，より迅速な問題解決を行うことを目的にして，新たな問題解決の手順が考え出されました[7]．これが，**表 1.4** に示す「**施策実行型の手順**」です．この手順は，多くの経験の中から生み出されたもので，使用してみると非常に有効なので，今回，成書として初めて公表するものです．

この手順は，要因や対策のポイント（要点）がある程度見えているような場合に使用します．

すなわち，問題を起こしている原因がすでに見えているものは，対策もおおよそ推察がつきますから，「施策実行型の手順」で進めると，速やかな解決を図ることができます．

1.3.5　問題解決の手順と QC ストーリー

「問題解決型の手順」のことを「QC ストーリー」と呼ぶこともあります．この呼び方はかなり一般化されていますが，ここでは用語の定義を明確にするため，あえて区別しておきます．

"**QC ストーリー**（QC Story）" とは，「QC（品質管理）の問題解決事例をど

表1.4 施策実行型の手順

手　順		実　施　要　領
手順1	テーマの選定	● 問題点をつかむ ● テーマを決める
手順2	現状の把握と対策のねらい所	現状の把握 　● 事実を集める 　● 攻撃対象（特性）を決める 対策のねらい所 　● 対策の方向性，または大まかな対策内容をつかむ
手順3	目標の設定	● 目標の3要素（管理特性，目標値，期限）を決める
手順4	対策の検討と実施	対策の検討 　● 対策のねらい所に基づき対策のアイデアを出す 　● 対策の具体化を検討する 　● 対策内容を確認する 対策の実施 　● 実施方法を検討する 　● 対策を実施する
手順5	効果の確認	● 対策結果を確認する ● 目標値と比較する ● 有形・無形の効果を把握する
手順6	標準化と管理の定着	標準化 　● 標準を制定，改訂する 　● 管理の方法を決める 管理の定着 　● 関係者に周知徹底する 　● 担当者を教育する 　● 維持されていることを確認する

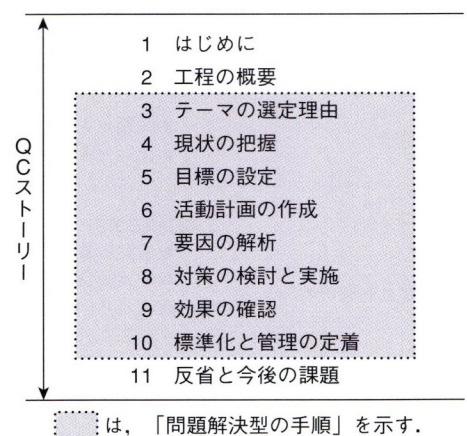

図 1.4　「問題解決型の手順」と QC ストーリーの関係

のようにまとめるかという発表や報告のための 1 つの方式のこと」です．この筋書きで話をまとめて発表すると，問題解決活動の経過や成果をわかりやすく，要領よく報告することができます．

図 1.4 に，「問題解決型の手順」と「QC ストーリー」との関係を示しておきます．

1.4　問題解決の型の使い分け

1.4.1　「問題解決型」が基本

問題解決に当たり，どの型の手順を選ぶかについて説明します．

図 1.5 に問題解決の基本ステップ，**図** 1.6 に「問題解決の手順」の比較，および**表** 1.5 に「問題解決の手順」の特徴をまとめておきます．

問題解決に当たって，どの型を選択したらよいかは，**図** 1.7（p. 23 参照）に従って選ぶとよいでしょう．これは，狩野紀昭監修『QC サークルのための課題達成型 QC ストーリー（改訂第 3 版）』[6] の QC ストーリー選定手順に，筆者が手を加えたものです．

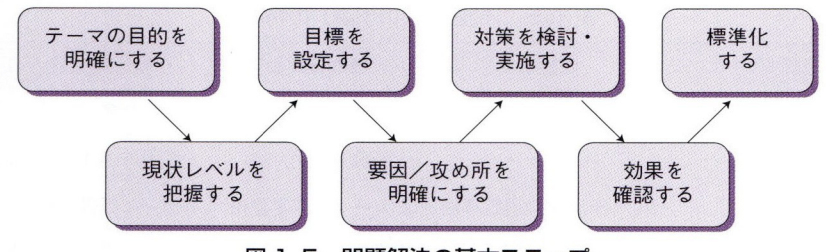

図 1.5　問題解決の基本ステップ

問題解決の基本ステップ	問題解決型	課題達成型	施策実行型
目的の明確化	テーマ名 テーマの選定	テーマ名 テーマの選定	テーマ名 テーマの選定
現状レベルの把握	現状の把握	攻め所の明確化	現状の把握と対策のねらい所
目標レベルの設定	目標の設定	目標の設定	目標の設定
要因の明確化	要因の解析		
対策の検討と実施	対策の検討と実施	方策の立案／成功シナリオの追究と実施	対策の検討と実施
効果の確認	効果の確認	効果の確認	効果の確認
標準化	標準化と管理の定着	標準化と管理の定着	標準化と管理の定着

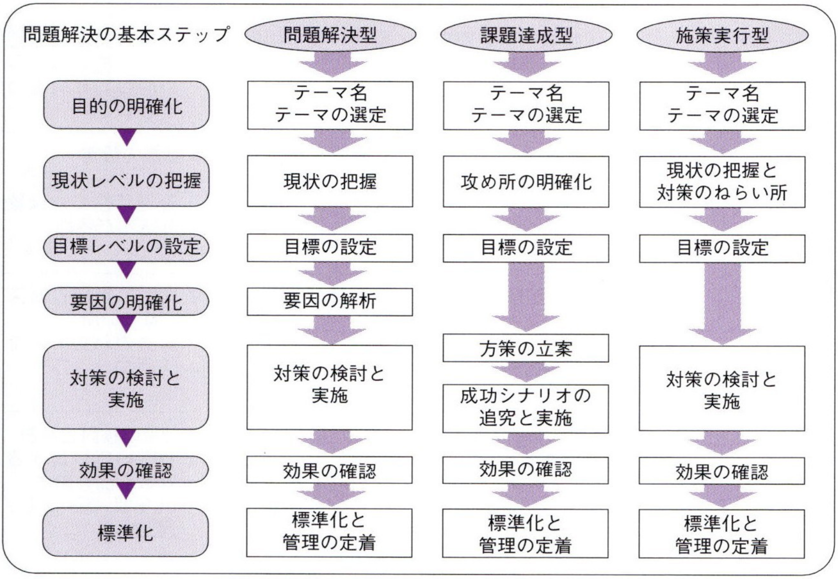

図 1.6　「問題解決の手順」の比較

問題解決の型の選択に当たっては，次のことに留意することが必要です．

(1) 「問題解決型」と「課題達成型」について，それぞれの型の特徴をよく理解しないまま，これは「問題」だから問題解決型で，これは「課題」だから課題達成型と，安易に言葉で判断して進めることのないように注意する．

(2) 特に「課題達成型」については，「問題解決型」について理解と活動の

表1.5 「問題解決の手順」の特徴

問題解決の基本ステップ	問題解決型	課題達成型	施策実行型
目的の明確化	0.テーマ名 　手段を入れない 1.テーマの選定理由	0.テーマ名 　サブテーマとして手段を入れてもよい 1.テーマの選定理由	0.テーマ名 　サブテーマとして手段を入れてもよい 1.テーマの選定理由
現状レベルの把握 ・管理特性の定義 ・調査目的	2.現状の把握 ・管理特性を1つに絞る ・現状レベルを明確にし，要因解析の切り口をつかむ	2.攻め所と目標の設定 ・ありたい姿を設定する ・現状の姿を把握する	2.現状の把握と対策のねらい所 ・管理特性を定義する ・現状の問題点を把握し，施策のねらい所の切り口をつかむ
目標レベルの設定 ・目標設定 ・活動計画	2.目標の設定 ・管理特性または絞り込んだ特性 3.活動計画の作成	2.攻め所と目標の設定 ・目標項目	3.目標の設定 ・管理特性または絞り込んだ特性
要因の明確化	4.要因の解析 ・要因の洗い出し ・重要要因の選定 ・要因の検証	2.攻め所と目標の設定 ・ギャップより攻め所を検討し決定する	2.現状の把握と対策のねらい所 ・対策のねらい所を決める
対策の検討と実施 ・対策の検討 ・対策の選定 ・対策の実施	5.対策の検討と実施 ・要因を基に対策案を展開する ・諸項目で評価し対策を選定する ・対策の実施	3.方策の立案 ・方策案（アイデア）を列挙する 4.成功シナリオの追究 ・シナリオを検討して，期待効果を予測し，成功シナリオを選定する 5.成功シナリオの実施 ・成功シナリオを実施する	4.対策の検討と実施 ・ねらい所に対する対策を洗い出す ・諸項目で評価し，選定する ・対策の実施
効果の確認	6.効果の確認	6.効果の確認	5.効果の確認
標準化	7.標準化と管理の定着	7.標準化と管理の定着	6.標準化と管理の定着

実績を重ねたうえで取り組むのがよいと言われており，管理者やスタッフの指導・支援が重要である．
(3) どの型でも，対象となる仕事や工程の内容についての現状の把握が基礎となる．

要は，「問題解決型」が基本です．迷ったら，まずこの型で進めてください．

1.4.2 「問題解決型」を選択した方が良い場合

問題解決には3つの型がありますが，問題解決の基本は，あくまでもこの「問題解決型」にあります．まずはこの型でやってみてください．ほとんどの問題は，この型で退治できます（**図1.7**）．

① 職場の重要問題．

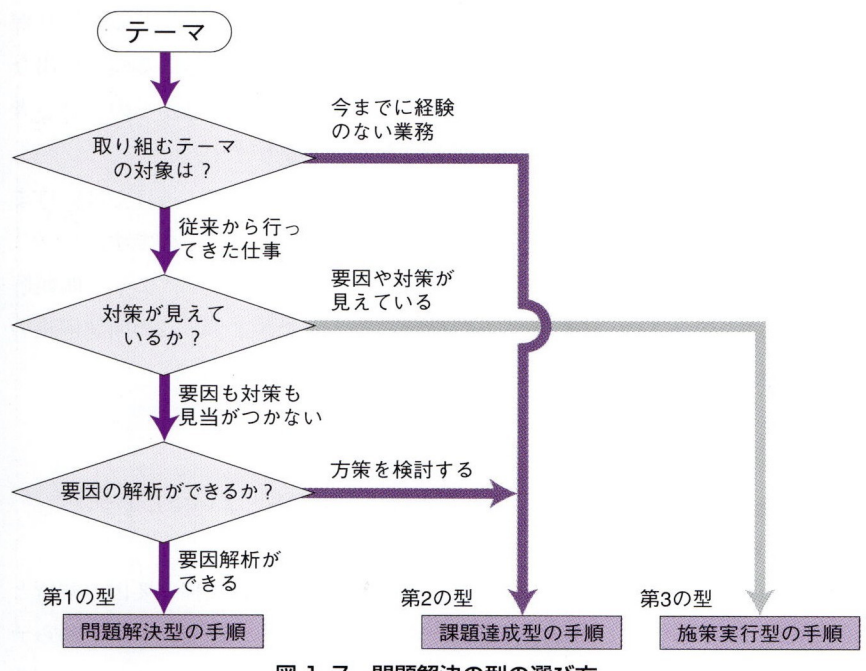

図1.7 問題解決の型の選び方

② なかなか解決できなかった慢性的な問題.
③ 挑戦的な高い目標を設定した問題.
④ 解決できそうにない難しい問題.
⑤ 突発的な問題.

以上のような原因のよくわからない,対策案も思いつかない困難な問題ほど,この型が適しています.

思いつきや,単なる経験,アイデアだけで対策を打っても,効果的な改善はできません.

重要な,困難な問題解決に当たって大切なことは,データに基づいてプロセス(工程)を解析し,結果を悪くしている真の要因をつかみ,これに適切な打開策を打つということです.空鉄砲をいくら打っても,獲物は捕えられません.要は,結果を悪くしている犯人をつかまえるということです.

この手順に従って問題解決を進めると,要因の追究不足から生じる後戻りが起こりにくくなります.また,対策の検討が不十分なために起こる効果の出ない,または効果の少ない対策を打たなくてもよくなります.ほかへの影響を考慮しないために起こる新たな問題に悩むこともなくなります.

データをとるのが苦手だから,手間がかかるからと言って,逃げてはいけません.まずは,しっかり「問題解決型」でアプローチしてみるのです.

問題解決の基本は,「問題解決の手順」に沿って進めることにより,問題解決の基本的な考え方や,やり方を身に付けることができます.この問題解決の基本は,「問題解決型」にあるといっても過言ではないでしょう.

1.4.3 「課題達成型」を選択した方が良い場合

「課題達成型」は,一般に次のような場合に適用するとよいでしょう.

(1) 今まで経験したことのない新しい業務の場合

新規業務の場合には,問題がまだ発生しておらず,現状把握―要因の解析というパターンが取りにくいので,これから起こる問題を予測し,この中からテーマを選定し,要求されるレベルを満たす方策の追究をポイントとして進める

「課題達成型」が向いています．

(2) 新しいやり方を導入することが必要となる場合

たとえば，工数削減のために，「工程の自動化」という方策が考えられる場合，「問題解決型」で進めると工数増の要因を追究していくことになりますが，これでは大きな効果を得ることができません．「課題達成型」で自動化すべき作業を攻め所として明確にし，対策の検討に重点をおいた方が効果的です．

大幅な革新的な変更が必要な問題解決の場合に「問題解決型」を採用すると，要因を細かく追究しすぎて，システム的な問題解決を見逃してしまう場合がありますので注意が必要です．

(3) 従来のやり方の部分変更だけでは問題解決が不十分な場合

たとえば，「塗布工程における筋故障の低減」というテーマの場合，これは従来から慢性化しており，作業者レベルでできる改善はすべて実施したが，それでも撲滅できない問題でした．そこで「塗布機の構造」を見直し変更することにより筋故障を大幅に低減させることができました．

1.4.4 「施策実行型」を選択した方が良い場合

要因または対策のポイントが見えており，目標を達成できそうな対策もほぼ見えているような場合には，「施策実行型」を選択します．

この型のポイントは，情報をきちんと整理して対策の有効性を確認し，早く実行に移すことです．

問題解決の型としては，「課題達成型」に近く，主要因を対策のねらい所として整理し，対策検討の初期で目標達成可能な対策が得られれば，詳細な手順を飛ばして，早く実施することが特徴です．

一般の改善提案制度に基づく「改善提案」と異なるところは，「攻め所の明確化」，「対策の検討」，「効果の確認」，「標準化」と必要な部分をしっかり押さえなければならないことです．

この型を選択するポイントは，「対策のねらい所をつかんでいるかどうか？」です．対策のねらい所がある程度見えていると思った場合には，「そのねらい

所に対策を打てば，本当に目標を達成できそうか？」を吟味します．

「ここに，この対策を実施すれば，目標を確実に達成できる」と判断できるのであれば，テーマ設定時点で「施策実行型」を選択すればよいのですが，そうでなければ「問題解決型」で始めます．

1.4.5　問題解決の型の乗り換え

問題解決のための基本ステップは，図 1.5 に示したように同じです．3 つの型のいずれも，「現状レベルの把握」までの手順は共通です（図 1.6）．

したがって，テーマ選定時にあらかじめ問題解決の型を決めておく必要はなく，「現状の把握」を行った後で，どの"型"を用いるかを決めればよいでしょう．

また，最初は「問題解決型」でスタートし，

① 「現状の把握」を実施し，管理特性を決め，攻め所がわかれば「課題達成型」へ乗り換える
② 「現状の把握」の段階で目標達成の目途が得られれば，「施策実行型」へ乗り換える

こともできます．

このような，問題解決の型の乗り換えの時期とそのパターンを示したものが，図 1.8 です．

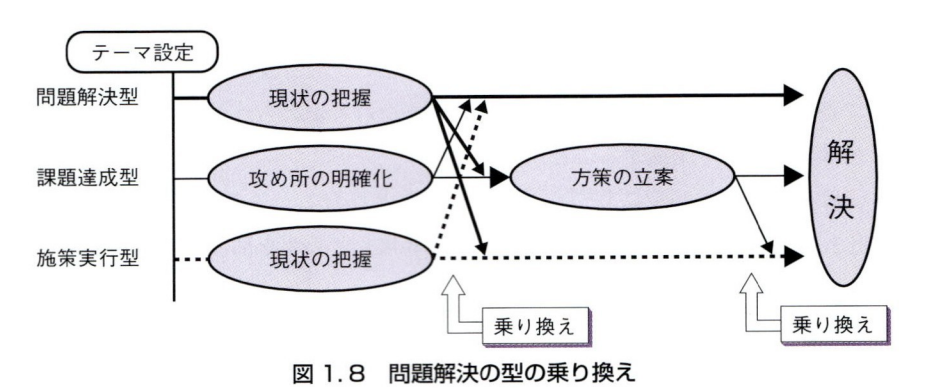

図 1.8　問題解決の型の乗り換え

このような3つの型を用いるねらいは，このように問題の状況により，適当な型に乗り換え，コストパフォーマンスの高い問題解決を図ろうとするものです．

1.5　方針管理と問題解決活動

"方針管理"とは，
「経営基本方針に基づき，長（中）期経営計画や短期経営方針を定め，それらを効率的に達成するために，企業組織全体の協力のもとに行われる活動のこと」[8)]
を言います．

　方針管理では，利益，生産，売上，原価，品質，納期などの経営目標と，それらを達成するための重点方策をもって示されます．経営目標は到達したい結果であり，方策は目標達成のための手段です．

　経営目標を達成していくためには，経営上の重要問題を取り込んで，問題解決を図っていかなければ達成できません．

　たとえば，新製品開発といっても，ある新製品を開発するに当たっては，現状のレベルでは達成できない機能，性能上の問題点やネック技術が存在します．パソコン用のディスプレイを例にとると，もっと文字の解像度や色感度，残光度，発光効率を向上したい，さらに開発期間を短縮したい，色ズレをなくしたい，原価を大幅に低減したい……などといった問題（テーマ）があります．

　これらのテーマが解決されないと新製品化はおぼつかないし，また，売上高や利益の確保は不可能です．

　これらの重要問題の解決に当たっては，問題解決法が有効です．すなわち，結果に対する原因をデータにより探究し，本当の原因をつかんで，対策を打っていきます．もちろんデータ解析に際しては，QC手法の活用が有効です．

　方針の達成活動において，問題解決活動と対になった活動が展開されなけれ

ば，年度末になって目標は未達であったということになり，方針の達成度は，低いものになってしまうのです．

1.6 日常管理と問題解決活動

　"日常管理"とは，
「各部門の担当業務について，その目的を効率的に達成するために日常実施しなければならないすべての活動であって，現状を維持する活動を基本とするが，さらに好ましい状態へ改善する活動も含まれる」[8]
ことを言います．
(1) 企業経営では，常に革新・改善が図られなければなりませんが，企業において行われる仕事の大部分は，従来から行ってきた仕事の継続であり，これを確実に実施して現状を維持することは，特にライン業務において極めて重要です．
(2) 現状を維持する活動は，標準類の遵守が基本となりますが，現状を維持できない事態（異常）が起こった場合には，その原因を追究して，再発防止，あるいは改善のための対策を講じる必要があります．
(3) 日常管理として行っている業務の一部について，特に積極的な改善を行うため，方針管理として取り上げることがあります．

日常管理という用語の定義でも述べられているように，この言葉の中には，「好ましい状態へ改善する活動も含んでいる」のです．すなわち，日常管理活動においては小さな問題解決活動が不可欠なのです．

また，日常管理は，上記 (2) や**図 1.9** にあるように標準類の遵守が基本です．このためには，問題解決活動を行った中で得られた良い仕事のしくみを標準化し，そのしくみを定着させることにより，問題解決の効果を持続させていくことが必要です．

- 維持，改善活動……日常管理
- 現状打破……………方針管理

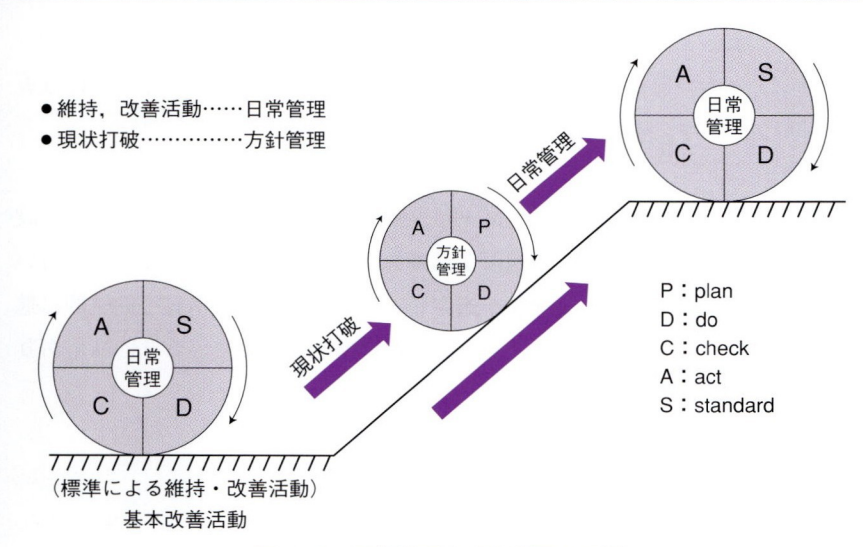

P：plan
D：do
C：check
A：act
S：standard

（標準による維持・改善活動）
基本改善活動

図1.9 日常管理と方針管理の関係

1.7 問題解決とグループ活動

　問題解決のためには，その問題を解決するのは誰かを決める必要があります．通常，個々の小さな問題，あるいは問題が1部門だけに限られているときには，その問題を含んでいる業務の担当者や管理者が指名した担当者などにより行うことになります．しかし，比較的重要な問題は，問題も複雑で，1人の力で解決することが困難なため，グループにより実施する必要があります．
　以下に，問題解決のための組織の種類とそのつくり方について説明します．

(1) 個　人

　事務部門や間接部門などでは，1人1業的な業務を担当しています．このような場合は，業務担当者が1人で問題解決活動を行います．また，簡単で小さな問題は原則として1人で実施します．

(2) プロジェクトチーム

　会社や工場における重要問題を効果的に解決するために，現在ある組織の枠

を越えて，もっとも適切なメンバーを集めてつくったチームです．

プロジェクトの進行にともなって，編成を変えることもあり，完了時にはチームは解散します．軍隊用語のタスクフォースは同義語です．

(3) チーム

同じ事業所や部門内で部課長やスタッフが中心になってチームを編成し，設定された重要テーマについて問題解決活動を展開し，解決していくものを言います．なお，チームが自らテーマを選定し，次々と問題解決活動を継続的に進めていくようなグループ活動を"QCチーム活動"と呼んでいるところもあります．

(4) QCサークル

QCサークルは，

① 第一線の職場の仲間で編成されたグループである
② 自主的にQC活動を行うインフォーマルな組織である
③ テーマが完了しても，そのつど解散することはない
④ QCサークル活動を通じて個人の能力を高め，自己実現を図り，生きがいのある職場をつくり，企業の業績向上に貢献する

ことに大きなねらいがあります．そこで，職場内や職場間の重要問題をとらえて問題解決していきます．QCサークルは自発的に職場の問題解決を継続的に実施する小グループと言えます．

本書では，上記の (2)，(3)，(4) を総称して"グループ"と呼んでいます．

1.8　問題解決におけるQC手法の重要性

問題解決は，まず結果として得られた事実をデータをとって正確につかみます．結果に影響を与えると考えられるいろいろな原因を整理します．そして，原因と結果との関係についてデータをとり，QC手法を用いて解析し，真の要因を見つけ，望ましい結果を得ることができるように対策を打ち，標準化しま

す.

　数多くの原因が複雑な形で影響しあっている状態から因果関係を正しく把握し，客観的な判断を下すうえでQC手法は欠くことのできないものです（**図1.10**）．

　問題解決はQC手法なくしてあり得ないといっても過言ではないでしょう．

　職場の問題解決を進めるとき，どのような段階でどのQC手法を活用すればよいかをまとめると，**表1.6**[4]のようになります．

　QC手法には，グラフ化するだけのやさしい手法から，コンピュータを用いないと計算できない高度な手法まで，いろいろなものがあります．QC手法をよく勉強し，目的に沿った正しい使い方をすることが大切です．

　複雑な数式による計算などに代わり，図をかき，電卓で簡単に計算するだけで判断できる実用的な手法が開発され，多用されています．グループ活動で広く活用されているQC七つ道具には，次のような特徴があります．

① 　やさしくて，簡単に作成できる——難しい計算や作図のための道具を必要としないで，数時間の勉強で修得できる．

② 　すぐにわかる——目で眺められるもので，理解が容易である．

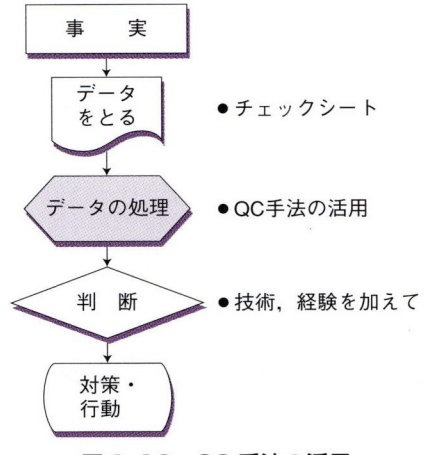

図1.10　QC手法の活用

表1.6 QC手法の種類と用途[4]

区分	手法	主な用途	新製品・新技術開発	品質・原価・納期改善	工程管理	市場調査・情報管理	事務管理	販売管理	サービス管理	環境保全・安全管理
QC七つ道具	特性要因図	要因を漏れなく拾いあげて整理する	○	●	○	●	●	●	●	●
	パレート図	たくさんある問題点から真の問題を把握する	○	●	○	●	●	●	●	●
	グラフ	データを目でながめられるようにする	●	●	●	●	●	●	●	●
	チェックシート	簡単にデータをとったり，点検漏れを防ぐ	○	○	●	○	●	○	●	○
	管理図	工程が安定状態にあるかどうかを調べる	○	○	●	○		○	○	●
	ヒストグラム	分布の姿を把握したり，規格と対比する	○	●	●		●	●	●	●
	散布図	対になった2組のデータの関係をつかむ	○	●	○		○	○	○	○
統計的方法	検定・推定	仮説を捨てるか否かを統計的に判断したり，母数を推測する	○	●	○					○
	実験計画法	合理的に実験を計画し，経済的に精度よく要因をつかむ	●	●		○				
	相関分析	変数間の相関関係を調べる		○		○				
	回帰分析	変数間の関数関係を調べる	●	○		○				
	直交多項式	因子の変動を直交多項式で分解し，分析する		○						
	二項確率紙	平方根紙を使って作図により，検定や推定を行う		○						
	簡易分析法	大量データを用いて簡単な計算で検定や推定を行う		○						
	多変量解析法	多くの変量の相互の連関を要約し，その構造を明らかにする	●	●		●	○	○	○	○
	最適化手法	システムやプロセスを最適な状態で運用すべき方策を探索する		○	○					

表1.6　つづき

区分	手法	主な用途	新製品・新技術開発	品質・原価・納期改善	工程管理	市場調査・情報管理	事務管理	販売管理	サービス管理	環境保全・安全管理
新QC七つ道具	連関図法	からみ合った問題を論理的につないでいって解明する	○	○			○	○	○	○
	系統図法	目的を果たす最適手段を系統的に追究する	●	●			○	○	○	○
	マトリックス図法	多次元思考により問題点を明らかにする	●	●			○	○	○	○
	親和図法	混沌としている事象を整理し，問題を浮かびあがらせる	○			○				
	アロー・ダイヤグラム法	必要な作業の関連をネットワークで表現し，日程管理する		○	○					
	PDPC法	望ましい結果にいたるプロセスを定める	○	○						○
	マトリックス・データ解析法	データをマトリックス図に配列し，見通しよく整理する	○	○		○				
その他のQC手法	サンプリング法	調査対象の中からサンプルを抜き取り，集団の性質や状態を知る	○	○	○	○				
	抜取検査法	抜取検査方式に従ってロットの合格・不合格を判断する		○	○					
	官能検査法	人間の感覚器官を使って検査する	○	○	○				○	
	信頼性工学	期待されるライフサイクルにわたって合理的に機能を維持させる	●	○						
QC周辺の手法	IE手法	指定時間に，最適の原価で，欲する数量と品質を達成する		○	○		○	○		
	VE手法	製品の価値について機能面から分析し，コストの低減を図る	○	○						
	OR手法	方策の決定者に計量的に問題の解を提供する	○			○				○
	創造性工学	人間の創造力を発展させる	●	○		○		○	○	○

（注）　●：特に有効なもの　　○：有効なもの

③　みんなで使える——グループ活動で，みんなが協力して使うことができる．

特に職場で抱えている問題の多くは，QC 七つ道具で解決できます．グループ活動では，QC 七つ道具をよく使いこなし，自分たちの仕事の改善と管理に役立てていることは周知のとおりです．

ビジネスマンは，日常のデータ，さらには実験データを用いて，母集団とサンプル，ばらつきや統計的な考え方を基礎に，QC 七つ道具や簡単な統計的方法を使いこなすことが大切です．検定・推定，相関分析，分散分析などもしばしば用いられていますが，わが国の QC の発展に大きく貢献したものの 1 つに，直交配列表による実験があげられます．

コンピュータの使用が一般化されるに従って，重回帰分析や因子分析，主成分分析，数量化理論などの多変量解析がよく利用されるようになってきました．この手法は，多くの変量（多い場合には，数 100 にも及ぶ）の相互の連関を要約し，その構造を明らかにすることができて便利です．ただ便利さのあまり既成のプログラムパッケージを機械的に利用して，データもよく見ず，手法や計算の過程もよく理解しないままに結果だけを適当に解釈したりすると，誤った結論を導くことになるので注意が必要です．データの構造をよく吟味することが大切です．

管理者やスタッフのための手法として，新 QC 七つ道具が提唱されています．これは，計画段階で発想し，重点指向し，全員の協力を得て問題解決活動を進めるための手法です．言語データを図に整理する手法として開発されたものです．したがって，この手法は単独で使用することは避け，発想や計画を新 QC 七つ道具で整理した後，事実をつかむための数値データをとり，QC 七つ道具や統計的方法を用いて，因果関係を計量的に把握するのが良いと思います．

1.9 問題解決のための基本的態度

　職場の問題解決を効果的に行うためには，問題解決に取り組むための基本的な態度をしっかり持っておくことが必要です．そうでなければ，問題をうまく摘出できないし，対策案作成のための良いアイデアも出ないし，また，問題解決活動をスタートしても途中で尻切れとんぼに終わってしまったりしかねないからです．

　問題解決活動を進めるときには，次の点に留意しなければなりません[4]．

▼ **効果的な問題解決を行うための10ポイント**

① 旺盛な問題意識を持つこと．
② 自主的に取り組むこと（自分たちがやらなければ，誰がやるのだ）．
③ 職場全員が積極的に参加する体制をつくること．
④ Q（品質），C（原価），D（生産量，納期，販売量），S（安全），M（モラール，教育，人事），E（環境）に関する強い責任感を持つこと．
⑤ 現場，現物，現象などをよく観察すること．
⑥ 要因を事実に基づいて解析し，真の原因を摘出すること．
⑦ データをとり，QC手法をうまく活用すること．
⑧ 従来のやり方と異なる新しい方法を創意工夫すること．
⑨ 固有技術を磨いておくこと．
⑩ 問題解決のための計画（Plan）（目標と手段・方策）を具体的に立て，実施し（Do），チェック（Check），処置（Act）のサイクルを確実に回すこと．

用語解説

【小集団活動】
　一般的には5～7人位の社員により小集団を構成し，そのグループ活動を通じて構成員のやりがい，働きがいを高めて，企業の目的を効果的に達成しようとするもので，経営参加，業績向上の有力な方法として注目されている．本書では，QCチーム，QCサークル，TPMサークル，JKサークル，グループなどのすべての小集団における活動を小集団活動として定義している．

【グループ】
　小集団活動を実施するうえでの，サークルの呼称方法の1つである．

【QC手法】
　「事実にもとづく管理」を具現化する基礎的手法のことで，QC七つ道具，新QC七つ道具，統計的手法などがある．QC七つ道具は，特にポピュラーで，わかりやすく，使いやすい基礎的な手法である．QC七つ道具は，パレート図，特性要因図，チェックシート，グラフ，ヒストグラム，管理図，散布図の7つの手法からなる．

第2章

問題解決型で解決する

この章のねらい

　本章では，具体的な問題解決の進め方として，問題解決型の手順とポイントについて解説します．

　問題解決型は，要因を検証して真の原因を追究し，そこに対策を打つことにより問題を根本的に解決する方法です（**図 2.1**）．

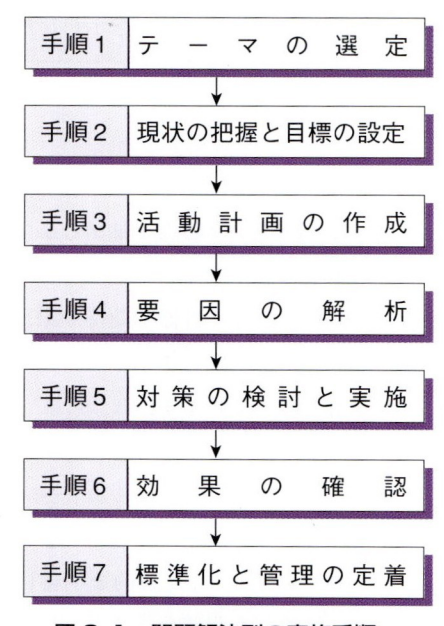

```
手順1  テーマの選定
   ↓
手順2  現状の把握と目標の設定
   ↓
手順3  活動計画の作成
   ↓
手順4  要因の解析
   ↓
手順5  対策の検討と実施
   ↓
手順6  効果の確認
   ↓
手順7  標準化と管理の定着
```

図 2.1　問題解決型の実施手順

　職場の重要問題や，なかなか解決できなかった慢性的な問題，突発的な問題で，その原因がよくわからないというケースなどに有効で，問題解決の基本となる大事な解決法です．本章では，各手順毎に具体的な"実施の手順"と"ポイント"をわかりやすくまとめ，"参考事例"をつけました．また，問題解決を指導，支援する立場の方のチェックポイントとして"指導者・支援者の関わり方"を記載しましたので，あわせて活用してください．

手順1　テーマの選定

　これから取り組もうとしている問題解決活動のねらいを明確化し，テーマを決めます．この段階では「現在，何に困っているのか」，「どのような状態にもっていきたいのか」を明らかにし，この活動全体のねらいを端的な言葉で表現し，テーマにします．テーマ名は，見ただけで活動の内容がわかると同時に，活動全体の最終ターゲットを示した形にします．

実施の手順

（1）　職場の品質，原価，納期，安全，モラール，環境などの現状と目標値とのギャップを明らかにし，現状の問題点を抽出します．ムリ，ムダ，ムラの観点からの身近な問題も列挙することが大切です．
（2）　それらの問題を，管理者の方針・目標や期待効果，実現性などの項目で評価し，取り組むべきテーマを決定します．
（3）　テーマを選定した理由を明確にします．

ポイント

【ポイント1】　テーマ名は「○○における△△の××」の形とする

　問題解決を行ううえでテーマの設定は，「目的を明確にする」という非常に重要な意味を持っています．目的が不明確なまま問題解決を進めると，重要なポイントを見逃し，的外れな結果になってしまうことがよくあります．

　そこでテーマ名を見たときに，「何をどうしたいのか？」がわかるようにしておくことが大切です．

- ○○：どの範囲の……問題解決する対象（製品名，工程名，作業名など）
- △△：何を……問題解決したい管理特性（故障件数，作業工数など）
- ××：どうしたい……問題解決の方向・レベル（低減，撲滅など）

(例)　「○○における△△の××」
　　　「組立工程における組立不良件数の削減」

　このように，どの範囲（対象）の，何（管理特性）を，どうしたい（レベル）かを明確にします．この3つが曖昧ですと問題解決の途中で横道にそれたり，第三者にやりたいことが伝わらないということにもつながります．
　ここで△△の問題解決したい特性のことを"管理特性"と言います．先ほどの例の場合に，管理特性として「組立不良」としたのでは十分とは言えません．組立不良件数を減らしたいのか，組立不良発生率を減らしたいのかを明確にしておくことが大切です．件数と発生率とでは，とるべきデータも変わってきます．

　「組立不良の低減」では不十分→「組立不良件数の低減」または，
　　　　　　　　　　　　　　　　「組立不良発生率の低減」

【ポイント2】　テーマ名に手段は入れない

　よく「□□による△△の××」というように，□□という手段の入ったテーマ名を見かけます．手段を限定してしまうと，狭い見方しかできなくなり，真の原因を見逃したり，対策の方向を誤る危険性があります．有効と思われる手段があったとしても，まずはきちんと現状把握と要因の解析を行い，その手段が対策として本当に有効かどうかを検討するようにします．
　(悪い例)　「□□による△△の××」
　　　　　　「省人化によるコストの低減」
　また，「□□による」の部分がテーマとなる場合があります．この場合は□□を管理特性にした方が良いのです．
　(良い例)　目標のコストダウン達成のために省人化が必要とわかっている場合．
　　　　　　「○○における△△の××」
　　　　　　「組立工程における作業人員の削減」

【ポイント３】　管理特性は問題の大きい重要特性にする

　管理特性を何にするかは，問題解決の目的を明確にするために非常に重要です．

　一番解決したい特性を１つ選び，管理特性とします．テーマ名を見て何をやりたいのかがわかるようにしておくことが，問題解決を円滑に進めるうえで，また関係者の協力を得るうえでも大切となってきます．

　あれもこれもと，いっぺんにやりたいと思うケースもあるでしょう．しかし本当の目的の部分と，できたらやりたいという部分を区分にしておかないと，問題解決全体が遅れる，できないといったことがしばしば起こります．

　たとえば１つの問題解決に「コストダウン」，「品質の向上」というように複数の目的を盛り込もうとすると，矛盾が生じることがよくあります．

　今，最も必要なのが「コストダウン」であれば"原価低減金額"を管理特性とし，「品質」は対策の中で制約条件として考えるようにします．

　期待したい特性が複数ある場合には，管理特性以外の特性も「現状の把握」で十分実態を把握し，「対策の検討」で"ほかへの影響"として考慮し，「効果の確認」で"その他の効果"として確認するようにします．

　また，感覚的な管理特性の場合には，できるだけ定量化する工夫も必要です．

　（例）　「危険作業の撲滅」というテーマの場合
　　　　　管理特性→"危険度"として定量化します
　　　　　危険度０：まったく危険を感じたことがない
　　　　　　　　１：ヒヤリ，ハット件数２件／月以下
　　　　　　　　２：ヒヤリ，ハット件数３～５件／月
　　　　　　　　３：軽傷災害が過去半年の間に発生した
　　　　　　　　４：休業災害が過去１年の間に発生した

> 事　例

　ここでは，実際の問題解決事例により，これまで学んできた手順について再確認します．1つの事例を各手順毎に分けて載せてありますので，本文の実施手順と照らし合わせて理解を深めてください．

■テーマ名「箱詰め工程における糊付着清掃時間のゼロ化」
1. テーマ選定の理由

　私たちの勤務するコニカ㈱日野生産部門は東京都日野市にあり，フィルム生産の基幹工場として，カラーフィルム，医療フィルムなどの生産を行っています．

　私たちは，医療フィルムの包装工場に所属し，担当する工程は，袋に詰められた製品を化粧箱に詰めたあと，段ボール箱に詰めるまでを自動で行う外装工程です．メンバーは男女合わせて7名で，「楽に安心して働ける職場」を目指して，日頃の問題解決に取り組んでいます．

　テーマの選定に当たり，日常の仕事での問題点をメンバーで洗い出し，緊急度や期待効果など7つの評価項目で評価し，テーマの絞り込みを行いました（**図1**）．

　その結果，「箱詰め工程における糊付着清掃時間のゼロ化」が最優先課題との結論に達し，これに取り組むことにしました．テーマ選定の理由は以下のとおりです．

① 箱詰め工程において糊付着清掃時間が多く，**図2**のように箱詰め機停止時間のトップである．
② 糊が製品に付着すると製品不良となり，ロス（廃棄処分）につながる．
③ 「ロスの削減，作業の効率化」は製造課方針と合致する．

項目の重みづけ		項目別評価点×1			項目別評価点×2			総合点	
テーマ		共通のテーマ	取り組みやすさ	データのとりやすさ	緊急度	重要度	課の方針	効果	
P	XP内装機におけるワーク供給不良の減少	△	×	○	△	○	△	△	37
P	箱詰め工程における糊付着清掃時間のゼロ化	○	△	△	○	○	○	○	51
Q	印字不良の減少	△	○	×	△	△	△	△	33
C	XP防湿機におけるバリヤ破れロスの削減	×	△	○	△	○	○	△	45
S	XP外装におけるバーチレーター騒音の軽減	○	○	×	×	×	×	×	19

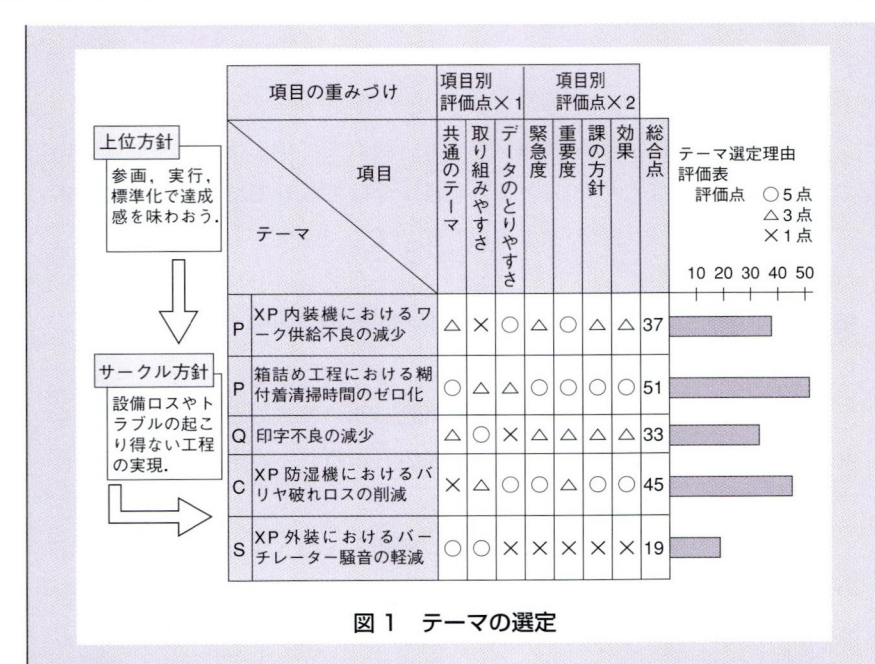

上位方針: 参画、実行、標準化で達成感を味わおう.

サークル方針: 設備ロスやトラブルの起こり得ない工程の実現.

テーマ選定理由評価表
評価点 ○5点 △3点 ×1点

図1 テーマの選定

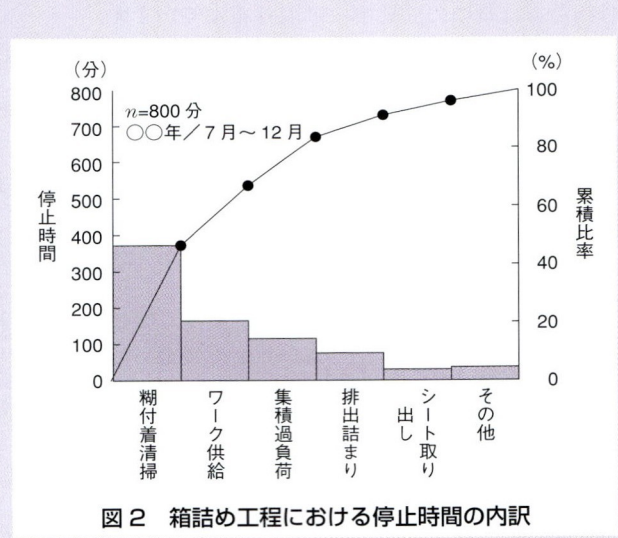

n=800分
○○年／7月〜12月

（横軸）糊付着清掃、ワーク供給、集積過負荷、排出詰まり、シート取り出し、その他
（左軸）停止時間（分）
（右軸）累積比率（％）

図2 箱詰め工程における停止時間の内訳

指導者・支援者の関わり方

(1) 適切な時期に指導・支援を実施する

1) 最初の指導は，"目標設定まで進んだ時期"に実施するのが望ましい

　問題解決に当たる担当者またはグループで，テーマの選定，現状の把握，目標の設定を一通り実施し，ある程度状況が議論できる題材があった方が具体的な指導・支援ができるからです．

　問題の大きさや担当者の実力によっては，テーマを選定するところから指導を行うこともありますが，押しつけではなく，自ら考え，実行する手助けをするという考えで指導・支援を行うことを心がけます．

2) 2回目の指導・支援は，"要因の洗い出し"を行った時点が望ましい

　問題解決型の手順のポイントは「要因の解析」です．この要因解析を活かすも殺すも要因の洗い出しとその絞り込みにかかっています．したがって，2回目の指導・支援はこの時期が好ましいのです．

3) 3回目以降は各手順毎に実施する

　実施担当者やグループの実力，進捗状況にもよりますが，基本的には各手順毎に指導・支援するようにします．

(2) 助言はテーマの大きさ，緊急性，効果を踏まえて，全体をとらえた立場で実施する

　問題解決に当たっている担当者，グループは，問題に対して一番詳しい反面，ある特定の現象だけに目が注がれている場合が往々にしてあります．指導者の役割として，全体を見通し，当事者が見落としていることや，かたよった見方をしている場合は注意することが必要です．

(3) テーマ名の形と内容をチェックする

- 「○○における△△の××」の形になっていますか？
- ○○は，問題解決したい範囲として小さすぎませんか？　大きすぎません

か？
(例)　「○○係における出張伝票作業工数の削減」
　　　・○○係だけでなく◎◎課全体で取り組む必要はありませんか？
● △△の管理特性（何を）は，明確になっていますか？
● ××は，具体的にどうしたいという方向性がわかりますか？
(例)　「○○工程における作業性の改善」
　　　・作業性とは何を意味しているのでしょうか．作業工数を減らしたいのですか？　生産量を増やしたいのですか？
　　　このような場合には，テーマ名のつけ方の指導を行います．

手順2　現状の把握と目標の設定

　選定された問題に関する現状を把握します．そのためには，まず問題としている攻撃対象（管理特性）を明らかにします．この管理特性に関する悪さ加減を正確に把握するのが現状把握の目的で，ここでは「なぜ悪いのか？」という要因には触れません．
　管理特性の推移やばらつきから現状のレベルをつかむと同時に，いろいろな角度から管理特性を見ることにより，特徴的な情報（要因解析の手がかり）をつかみます．
　現状把握の結果を踏まえて目標を設定します．目標は，何を，いつまでに，どうするといった形で設定し，具体的に何をどうしたいのかがわかるように表現します．目標値は，テーマで取り上げた問題が解決したかどうかを評価する尺度になります．

実施の手順

(1)　問題となっている攻撃対象（管理特性）を決め，これを明確に定義します．

(2) 管理特性の推移やばらつきを調べ，現状のレベルを正確に把握します．
(3) 管理特性の悪さ加減に特徴的なことはないか，設備別，時間別，作業者別，材料別，方法別などに層別してみます．
(4) 達成したい目標として，何を，いつまでに，どれ位にしたいかを決めます．
(5) できれば，目標の設定根拠を明確にしておきます．

ポイント

【ポイント1】 管理特性を明確に定義する

現状の把握は，問題解決しようとする特性（管理特性）について，現状の悪さ加減を正確につかみ，要因解析の手がかりをつかむ手順です．そこでまず，管理特性を明確に定義します．この管理特性の定義を明確にしておかないと，現状把握や要因解析のデータに一貫性がなくなったり，目標が曖昧になったりして，「何を，どうしたかったのだろうか？」という状態に陥る危険性があります．

たとえば，「○○異常件数」を管理特性にした場合，管理特性の定義としては，

① ○○異常とは？
→どういう状態になることを指しているのか，その内容を明確にする．

② その異常のカウント方法は？
→どういう場合に1件とカウントするのか，具体的には「誰が」，「いつ」，「どこで」，「どのように」カウントするかまで決めておく．

③ 管理する期間の単位は？
→○○異常件数を管理する（カウントする）期間としては，月当たりなのか，日当たりなのか，それともロット単位なのか，その単位を決めておく．

といった点について明確にしておきます．

また，管理特性の測定をサンプリングによって求める場合は，サンプリング

数もあらかじめ決めておく必要があります．

　（例）　テーマ：Ａラインにおける〇〇不良率の低減

　　　　　目標：5%の不良率を1%以下にする

　このようなテーマで，対策後50個サンプリングして1個も不良個数がなかった場合，目標達成と言えるのでしょうか？　1%すなわち100個に1個の割合ですから，少なくとも確認は数百個以上が必要です．

【ポイント2】　現状レベルをグラフでつかむ

　管理特性を定義したら，その現状を調査し，グラフ化して，時間的経過をチェックします．

　このグラフは現状レベル（現状の悪さ加減）を表し，今後の目標設定や効果の確認を行う際のもととなる重要なグラフとなります（**図2.2**）．

　データはできるだけ多く（長期間）集め時系列で表すことにより，管理特性のばらつきや周期性を把握することができます．

　現状レベルを示す言葉にベンチマーク（ＢＭ）があります．ベンチマークは現状の姿を表している部分について限定して設定します．

　途中で作業内容が変わっている場合など明らかに区別できる場合は，**図2.3**のように，作業変更後の現状を表す部分をベンチマークとします．

　季節変動や作業の集中度合いが変動するような管理特性の場合には，データの採取期間やベンチマークの設定には特に注意が必要です．データをよく吟味

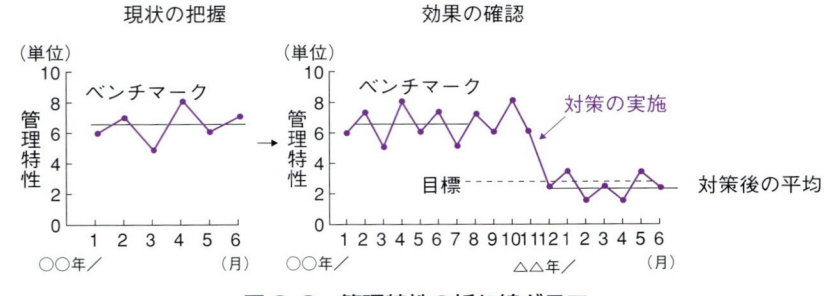

図2.2　管理特性の折れ線グラフ

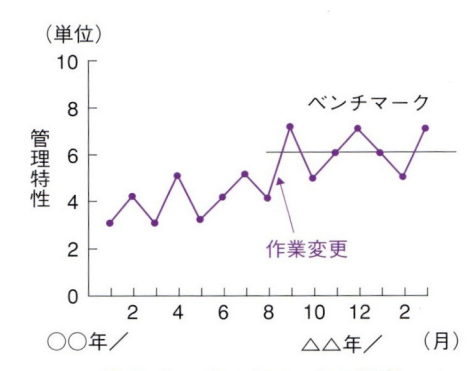

図2.3 ベンチマークの設定

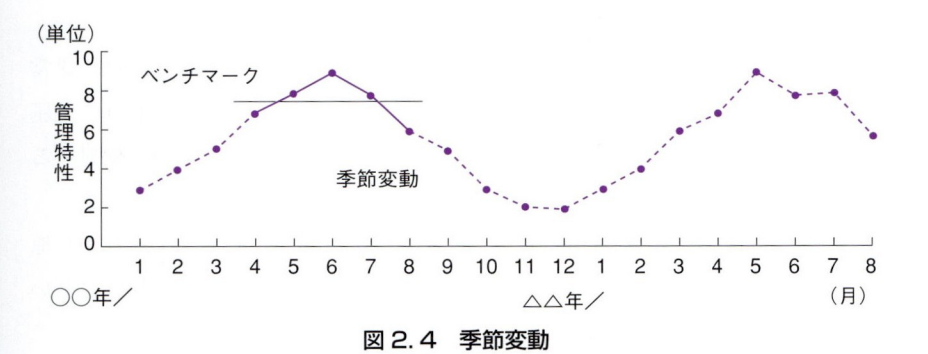

図2.4 季節変動

し、効果の確認時期にも配慮します．

たとえば、**図2.4**のような場合には、翌年の6月頃に効果を確認する必要があることがグラフから読みとれます．

【ポイント3】 管理特性の悪さを症状的につかむ

現状の把握の2つ目の目的は，管理特性の悪さを症状的につかむことです．

その方法としては，問題としている不具合現象をいろいろな角度から層別して調べます．たとえば，時間別，場所別，機種別，現象別等の領域から調べて，どういう条件のときに悪くなるのか，特定の条件のときに悪さが集中していないか，といった症状についての情報を集めます．

（層別の例）
- 時間別……いつ悪くなるのか？（時間，曜日，週，月など）
- 場所別……どこが悪くなるのか？（工程，装置の部位，部品の位置など）
- 機種別……どの種類で悪くなるのか？（号機，製品の種類など）
- 現象別……どういう状態になるのか？

このように，問題がいつ，どこで，どういう範囲で発生し，どういう状態になるのかといった症状を正確につかみます．

ここで注意したいことは，現状把握はあくまで管理特性の現状のレベルを正確につかみ，いろいろな角度から見ることにより症状についての情報を集めることです．要因を探すこと（要因解析）とは区別して考えます．

たとえば，ある装置で異常件数（管理特性）が増大している場合には，異常の発生状況を詳しく調査することが「現状把握」であり，要因の1つに"圧力"が想定された場合に，"ある部位の圧力（要因系特性）"を調査，検討することは「要因解析」でじっくり行います．

現状把握の段階で，原因が見えたような気になる場合があります．しかし原因と思い込んで対策したものの，問題が解決されずにまた1からやり直しということが往々にして起きます．

ですから現状の把握では原因は何かということは考えずに，管理特性に関する情報を集めることに専念します．そしてその情報をもとに，要因解析の手順で真の原因を追究していくのです．

もちろん簡単に調査できたり，タイミングを逃さないために先行して調査を行うことは問題ありません．ただし，この際も「今は現状の把握をやっているのだ」ということを，常に意識しておく必要があります．

【ポイント4】 管理特性を見直す

目標はテーマの選定理由および，現状のレベル（ベンチマーク）に基づいて設定します．

層別などで目標とする部分が限定でき，そこだけで目標が達成できそうであ

れば，限定した部分を管理特性とし，テーマ名を変更します．このように管理特性の範囲を限定することにより，要因解析や対策検討の範囲を絞ることができ，効率的に問題解決が進められる場合があります．

この場合には，新たに管理特性を定義し，現状レベル（ベンチマーク）のグラフを追加します．

たとえば，「〇〇製品における不良件数の低減」というテーマの場合に，管理特性の「不良」について層別したところ，95％が"形状"不良だったとします．この場合は管理特性を「形状不良」と限定して，テーマを「〇〇製品における形状不良件数の低減」とし，要因解析や対策検討を行うと的が絞れてスピーディな問題解決が行えます．

次に，管理特性を管理する期間を確認します．問題の大きさや発生頻度，あるいは周期性などを考慮し，特性の管理期間を管理特性の定義のところで決めた期間でよいかどうかを再確認します．月に数回しか起きない異常であれば，月当たりの発生件数で管理する必要があり，対策後は少なくとも数カ月間かけて効果を確認する必要があります．

最後に「現状の把握」でわかったことは，簡潔に箇条書きにしてまとめておきます．特に，層別などで得られた特徴的な情報は，「要因の解析」のときの重要な手がかりとなります．

「わかったこと」はグラフ毎にまとめ，それぞれのグラフの近くに記載しておくと，そのグラフから何を読み取ったかが一目でわかります．

【ポイント5】 努力してつぶせる目標を設定する

「現状の把握」で現状をしっかり把握し管理特性を決めたら，次に目標値を設定します．グループ（個人）の成長のためにも，努力してつぶせる，少し高い目標を設定します．

目標設定には，次の3要素を必ず入れて目標を明確に表現することが重要です．

- 何を（特性）：現状の把握で定義した管理特性

- いつまでに(期限):テーマ完了時期(報告書を提出する時期)
- どうする(目標値):いくらを(ベンチマーク＊＊)→いくらに(目標値＃＃)(単位)

最近では,方針管理の施策展開から目標値があらかじめ設定されているテーマが多くなっています.しかし,あらかじめ設定された目標値があまりにも大き過ぎたり,あるいは曖昧な管理特性であると,途中で実施する人の目標値がぼやけてしまい,中途半端な問題解決になる場合があります.

目標があらかじめ設定されている場合でも,現状把握のデータをよく吟味し,自分たちで問題点をもう一度見直し,管理者とすり合わせを行ってから目標の設定を行います.

すり合わせの結果,目標値が自分たちのものになり,はっきりと"形"あるものとして取り上げることができるようになります.また,これが"やりがい感"にもつながるのです.

さらに,グループ(個人)の成長を加味して,テーマに対する"取り組み姿勢"を決めておくことも大切です.このグループ(個人)の成長結果については,効果の確認の「無形の効果」で評価します.

【ポイント6】 目標を設定したら,必ず管理者とすり合わせる

目標を設定したら,必ず管理者と以下のポイントについてすり合わせを行います.この段階で,もう一度テーマ名を見直しておくのも大切なことです.

〈すり合わせのポイント〉
- テーマの大きさは適切か?(大きすぎたり,小さすぎたりしていないか?)
- 問題解決の型の選択は適切か?(問題解決型,課題達成型,施策実行型)
- 管理特性は適切か?(本当にやりたいことと一致しているか?)
- 目標値は適切か?(上位方針を考慮しているか?)
- 期限は適切か?(各手順のスケジュールに無理はないか?)

> 事　例

2. 現状の把握と目標の設定

（1） 工程の概要

箱詰め工程は，**図3**のように前工程で袋詰めされた製品（バリア済み）をサック（化粧箱）に詰めたあと，段ボール箱詰めまでを行う工程です．

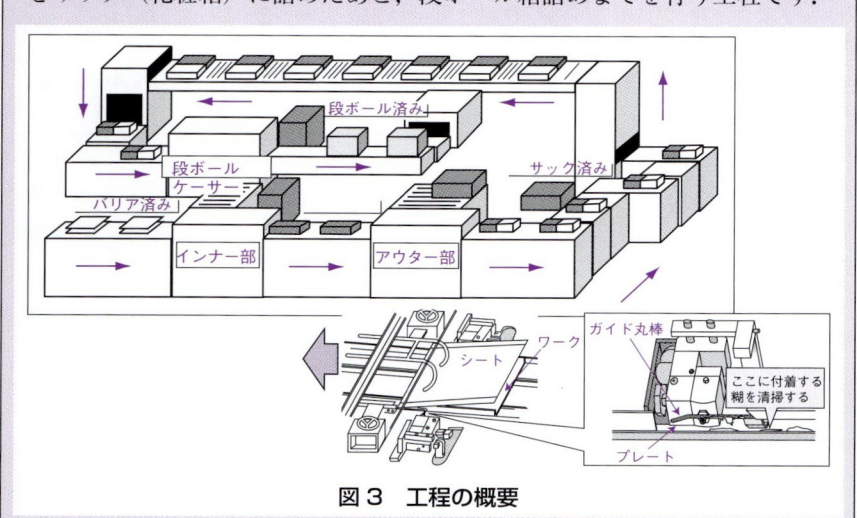

図3　工程の概要

箱詰め工程では，自動機で袋詰め製品をシート状の包装材料で包み込むようにしながら，シートの所定位置を糊付けすることで箱の形に成形しています．

本テーマは，箱の成形のために吐出した糊が，周囲の搬送ガイドやプレートに付着してしまい，多くの清掃時間がかかっている問題について取り上げたものです．

（2） 管理特性の定義

「糊付着清掃時間」とは，箱詰め機の搬送ガイドやプレートに付着した糊を清掃するのに要する時間であり，月当たりの清掃時間を管理特性とし

ます．

(3) **現状の把握**

現状把握として，糊付着清掃時間の推移（月単位）と，1回当たりの糊付着清掃時間のばらつきを調査しました．また，包装形態別，部位別，号機別に層別を行い，糊付着清掃時間の違いを調査しました．それぞれの結果について，図4から図8に示します．

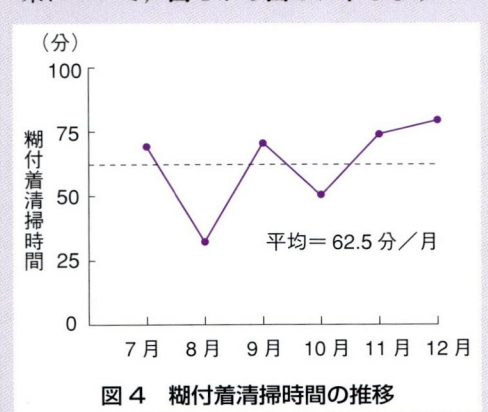

図4 糊付着清掃時間の推移

平均＝62.5分／月

わかったこと
糊付着清掃時間に月平均62.5分要している．

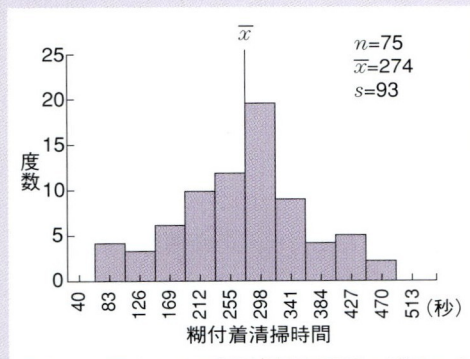

図5 1回当たりの糊付着清掃時間のばらつき

$n=75$
$\overline{x}=274$
$s=93$

わかったこと
1回当たりの糊付着清掃に要する時間は平均274秒で，ばらつきも大きい．

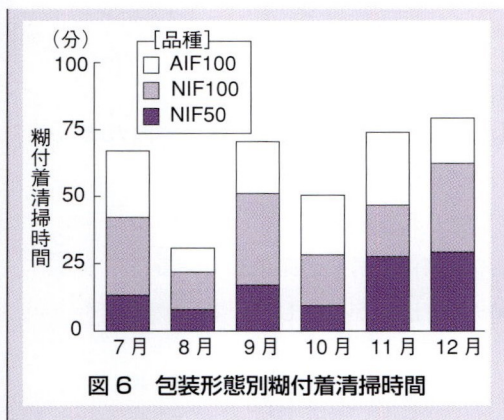

図6 包装形態別糊付着清掃時間

わかったこと
いずれの包装形態においても糊付着清掃時間は発生している．

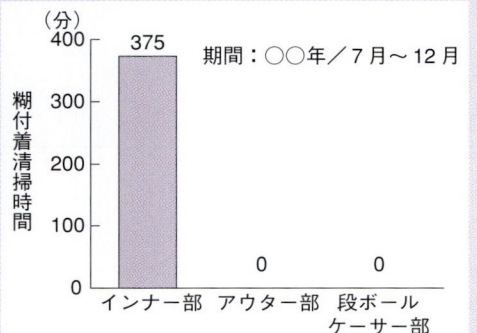

図7 部位別糊付着清掃時間

わかったこと
糊付着清掃が発生しているのはインナー部（内箱成形部）のみで，他の部位はゼロである．

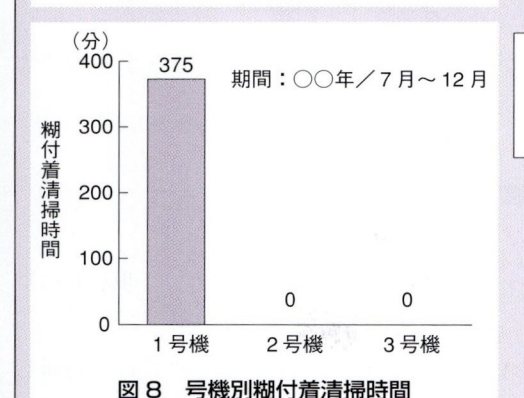

図8 号機別糊付着清掃時間

わかったこと
糊付着清掃が発生しているのは1号機のみで，他号機はゼロである．

問題解決型 手順2　現状の把握と目標の設定

（4） 現状把握のまとめ

現状把握の結果をまとめると，以下のようになります．

① 糊付着清掃時間は月平均62.5分かかっており，清掃時間のばらつきも大きい．
② 品種別による際だった差は見られない．
③ 部位別では内箱成形部にのみ糊付着清掃が発生している．
④ 号機別では1号機にのみ糊付着清掃が発生している．

（5） 目標の設定

現状把握をもとに以下のように目標を設定しました．

- 何を：糊付着清掃時間を
- いつまでに：△△年2月末までに
- どうする：ベンチマーク62.5分／月→ゼロにする

指導者・支援者の関わり方

（1） 管理特性が明確になっているかをチェックする

- 誰が見ても内容のわかる管理特性になっていますか？
- 管理特性のカウント方法は決まっていますか？

（例）「○○工程における異常件数の低減」

　　1回の異常発生で不良品が2個出た場合，1件とカウントするのですか？　2件とカウントするのですか？

（2） 現状レベルのとらえ方が適切かをチェックする

- 周期性や季節変動は考慮しなくてよいですか？
- ある時期からレベルが変わっているのに，単純に（まとめて）現状レベルとしていませんか？
- 「とれるデータがこれしかないから」といって，そのデータだけで判断して大丈夫ですか？

（3） 調査した結果をグラフにしているかをチェックする

　表や数字だけでは特徴がなかなかつかみにくいものです．折れ線グラフ，パレート図，ヒストグラム，散布図など，目的に応じてグラフの使い分けを助言することにより，大きく展望が開けることがあります．

（4） 管理特性が適切かチェックする

　目標の「何を」に当たる管理特性が，テーマ名の管理特性（△△）と一致しているかどうかを確認します．ときどき，テーマ名の管理特性とまったく異なった管理特性が掲げられていることがあります．

　（例）　テーマ：「A 製品における△△不良件数の低減」
　　　　　管理特性：お客様からのクレーム件数
　　　　　　　　　　　　↓
　　　　　　　　本当にやりたいのは何？

　本当にやりたいこと，やらなくてはならないことを担当者と十分すり合わせておきます．

（5） 挑戦的な目標かチェックする

　「目標の設定」は指導者・支援者の関わりで一番重要な手順です．

　この段階で何が問題か，それをどうしたいのかを明確にします．「目標の設定」は今後の問題解決の進め方を左右する手順と言えます．

　担当者はできそうな範囲で，目標を設定する傾向があります．個人またはグループの成長のために，やや高めの「挑戦的な目標」になるように誘導します．

手順3　活動計画の作成

問題解決活動を計画どおりに円滑に推進していくには，活動計画が必要です．ここでは，活動の実施事項を決め，これを「誰が」，「どのように実施するか」について日程を定め，「活動計画表」とします．

実施の手順

（1）　やるべきこと（実施事項）を決めます．
（2）　いつ，何をするのか，日程を決めます．
（3）　データの収集，要因と特性の因果関係の解析，対策の実施など，やるべきことについて，誰がやるのか役割分担を決めます．
（4）　活動内容を活動グループの全員が理解できるように，バーチャートなどを使って，「活動計画表」を作成します．

ポイント

【ポイント1】　完了期限はきちんと決める

いつまでにテーマを完了させるのか，また，問題解決の各手順をどのようなスケジュールで進めるのかを決めておきます．完了期限を決めて計画的に進めることは，問題解決を進めるうえで非常に大切なことです（**表2.1**）．

ここで完了期限とは，「問題解決活動報告書」を提出するまでの期限とします．

報告書は，書かれなかったり，書かれても後回しにされたりする場合があります．しかし，次のテーマを効果的に進めるためにも，個人またはグループがさらに成長するためにも重要です．また，問題解決を通して得られた貴重なノウハウを蓄積するうえでも非常に重要です．したがって，テーマの活動計画表を立案するときの完了目標期限は，必ずテーマが終了して「問題解決活動報告書」を提出する時期とします．

表2.1 活動計画表

No.	手順	4月	5月	6月	7月	8月
1	テーマの選定	■				
2	現状の把握と目標の設定	■	■			
3	活動計画の作成		■			
4	要因の解析		■	■		
5	対策の検討と実施			■		
6	効果の確認				■	
7	標準化と管理の定着				■	
8	報告書作成					■

問題解決型 手順3 活動計画の作成

用 語 解 説

【検定】
　仮説を捨てるか捨てないかを測定値によって定めること．統計的検定ともいう（備考：測定値がある条件を満たしていれば仮説を捨て，そうでなければ捨てないという形で検定方式が規定される）．具体例では，目的に応じてなんらかの母集団に関する仮説，たとえば，「対象とする母集団の母平均 μ は，ある値 $\mu_0 = 50$（g）に等しい」というような仮説を設定し，この仮説が成り立っているとみなしてよいかどうかをサンプルに照らして判断すること．

【有意水準1%で有意差なし】
　検定では，データをもとに必要な統計量を計算し，有意であるかどうかを判定する．有意水準は，一般的には $\alpha = 0.05$（5%）または $\alpha = 0.01$（1%）が採用される．「有意水準1%で有意差あり」ということは，差があると判断したときの誤りの確率が1%以下である，ということである．

事　例

3. 活動計画の作成

活動計画は，7つの手順毎に役割分担し，QC 手法を活用して問題解決するように，各手順で使用する手法を含めて計画しました．
「活動計画書」を表1に示します．

表1　問題解決活動計画表

☐：計画　■：実績

No.	何を 手順	誰が 主担当	いつまでに（期間） ○○/12月	△△/1月	△△/2月	どのようにして 実施概要	利用する手法
1	テーマの選定	斉藤	☐■			上位方針，グループ方針からみて，必要性が高く，挑戦して達成できるテーマを選択する	パレート図 マトリックス図
2	現状の把握と目標の設定	船木	☐■			○○年7月から12月までの，糊付着清掃時間のデータを採取する	グラフ
3	活動計画の作成	今泉	☐■			全員で役割分担し，手順別に主担当をきめる	バーチャート
4	要因の解析	亀丸		☐■		特性要因図から主要因を抽出し，糊付着の要因解析を行う	特性要因図 グラフ，散布図
5	対策の検討と実施	日向		☐■		解析結果をもとに，系統図法により対策の検討を行う	系統図 マトリックス図
6	効果の確認	土井			☐■	糊付着清掃時間の月度推移グラフにより，効果を確認する	グラフ
7	標準化と管理の定着	志村			☐■	作業指導書を改訂し，チェックシート，作業日報で管理する	
8	報告書作成	斉藤			☐■	各手順毎にまとめておくことにより，効率的にまとめる	

指導者・支援者の関わり方

（1）期限が適切かチェックする

そのテーマをいつまでにやる必要があるのか，上位方針と照らし合わせて問題がないかをチェックします．

- 効果の確認期間，報告書の作成期間は適切ですか？

手順4　要因の解析

　問題解決の手順で一番重要なのが，この要因解析です．
　要因解析では，結果を悪くしている真の原因をつきとめ，なぜ悪いのかを明らかにします．
　この手順では，結果に大きな影響を及ぼしていると思われる要因を抽出することと，抽出された要因群の中からどれが真の要因かを検証するという2つの作業がポイントになります．
　要因解析の目的は，「何に対して」，「どのような手を打てばよいのか」をはっきりさせることです．この段階で，特性と要因の因果関係を的確につかんでおかないと，「対策は打ったが一向に良くならない」とか「しばらくしてまた再発」ということになってしまいます．
　なお，"要因"とは，結果に関する主要な原因のことです．

実施の手順

（1）　4M（人，設備，材料，方法）などの観点から「なぜ，なぜ」を繰り返し，特性に影響を及ぼしていると思われる要因を洗い出します．
（2）　洗い出された要因が論理的につながるかを確認し，特性要因図や系統図（要因追究型）に整理します．
（3）　過去の経験や固有技術を活用して，特性に大きな影響を及ぼしていると思われる重要要因を絞り込みます．
（4）　特性と絞り込んだ重要要因との関係を，データで検証します．要因の水準を変えてみて，結果である特性値が変化するかどうかを確認します．変化するようであれば主要因と判断することができるとともに，特性値を規格内に入れるための水準を決める（＝対策）ことにつなぐことができます．
（5）　複数の主要因について検討を行い，対策をとる要因（対策項目）を決め

ます.

> **ポイント**

【ポイント1】 要因の洗い出しが決め手

　要因の解析は"真の原因の追究の手順"という，問題解決型の最大のポイントです．要因とは結果（特性）に関係ありそうな主要な原因のことです．真の原因をつかみ，原因に対して対策を打つことができなければ，効果的，恒久的な効果は望めません．

　要因解析では「なぜ，なぜ」を繰り返すことで，真の原因に迫っていきます．

　要因解析の最初のポイントは「要因の洗い出し」です．

　重要な要因を見逃すことのないよう，初めの段階で考えられる限り多くの要因を洗い出すことが大事です．

　できるだけ多くの要因を洗い出すためには，ブレーン・ストーミング法が有効です．洗い出しの時点では，出された要因に対して「それは違う」，「そんなことはない」などと否定的な意見は言わないようにします．

　「それなら，こういう要因も考えられる」というように広げていくと，今まで考えつかなかった要因に到達することができます．

　現状把握を含めた過去の取り組み情報や，現場・現物での観察をもとに，なるべく大勢で要因を洗い出し，**図2.5**のような特性要因図や，連関図，系統図などを用いて，「なぜ，なぜ」という要因のつながりを整理します．

　1人で考えていたのでは思いつく要因に限りがあります．大勢の知恵を結集し，重要な要因を見逃さないことがポイントです．

【ポイント2】 要因解析は「掘り下げ」が命

　効果的で恒久的な問題解決を行うためには「真の原因まで掘り下げる」ことが重要です．見かけ上の原因について対策を打つと，応急的・一時的な対策に終わってしまい，根本原因の退治にはならないことが多いのです．このような

① 特性要因図　　　　　　　　　　② 連関図

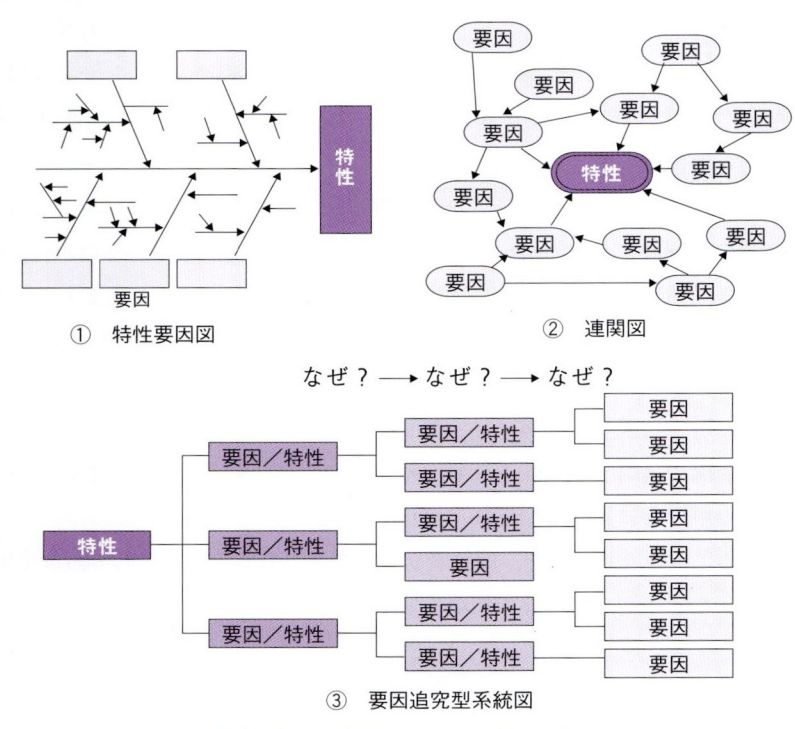

なぜ？ ─→ なぜ？ ─→ なぜ？

③ 要因追究型系統図

図2.5　要因の洗い出しに適した手法

場合には，類似の別の要因からまた元の状態に戻ってしまうことがあります．

　要因を「なぜ，なぜ」と掘り下げながら真の原因を追究することは，確実な問題解決を可能にすると同時に，技術力の向上にもつながります．

（例）　問 題 点：製品の品質に異常が発生した

　　　　　　　　↓

　　　　要　　因：温度の変化

　　　　　　　　↓

　　　　掘り下げ：本当に温度は変化しているのか？
　　　　　　　　　温度が変化したのはなぜ？
　　　　　　　　　空調機の異常？　季節変動？　それとも？

要因を掘り下げる手法としては，系統図（要因追究型系統図）が有効です．

特性要因図や連関図で要因を洗い出し，重要要因を選定したあとで系統図に整理し，「なぜ，なぜ」を繰り返しながら，要因を掘り下げていくと要因の関連性が明らかになってきます．

また，複数の要因について「OR条件：どちらかが起これば発生する」「AND条件：同時に起こらないと発生しない」という関係をつかみながら，特性と要因の関係を整理する方法に，図2.6のようなFTA図があります．

これらの手法を有効に活用し，要因をしっかり掘り下げることが大切です．

【ポイント３】 要因解析の図はいつでも見やすい場所に

特性要因図や連関図，系統図は要因解析の初期に作成しますが，要因解析を進めていく中で常に見直し，追加，修正していくことが重要です．

そのためには作成した図を，関係者がいつでも見られるようにしておきます．行き詰まったときや，みんなで相談するときに有効です．

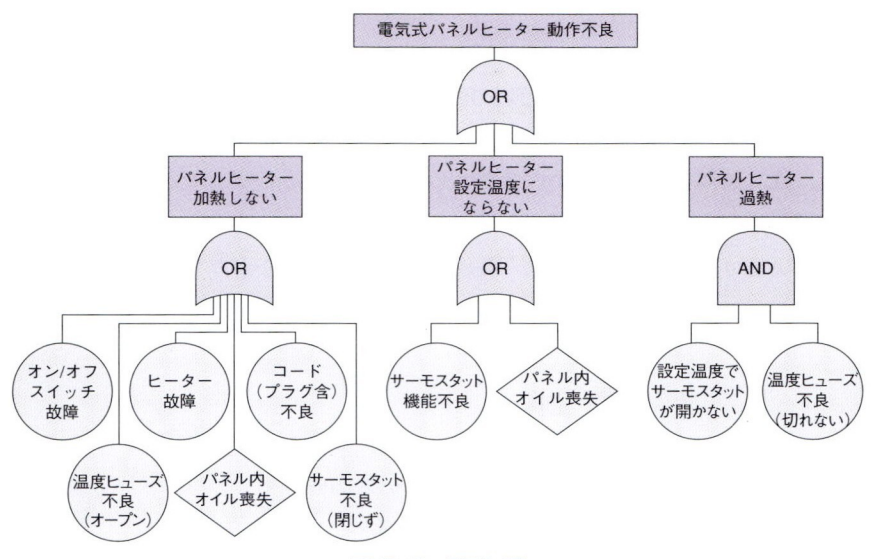

図2.6　FTA図

管理者の指導や周囲の協力を得る際に図を使って説明すると，今どういう状況なのかが一目でわかります．

【ポイント4】 検証は"仮説"，"データ解析"，"結論"の3つの手順で

要因を洗い出したあとは重要要因を選定し，検証を行います．

重要要因は現状把握から得られた情報や，過去の経験，技術的な情報，現場・現物での観察などをもとに選定（推定）します．

そして選定した要因が，本当に特性に重要な影響を与えているかどうかを確認するのが検証です．

検証は，
① 仮説を立てる
② データをとり，解析する
③ 結論を出す

の3つの手順で実施します．

まず，選定した重要要因と特性との間にどのような関係があるのか，あるいは要因が特性に対してどのような影響を与えているのかという仮説を立てます．仮説を立てたら，その仮説が正しいかどうかを確認するための調査を行い，そこから得られたデータを解析し，結論を導き出します．

【ポイント5】 検証とは，要因の特性への影響を確認すること

検証とは，その要因が特性に大きい影響を与えているかどうかを定量的につかみ，主要因であるかどうかを確認することです．

たとえば，管理特性「重量不良」の重要要因として「温度のばらつき」をあげた場合を考えます．このとき「温度は50～85℃で35℃のばらつきがあった」ということだけでは検証とは言えません．

温度のばらつきが35℃あったときに，特性すなわち「重量」へどれだけ影響を与えているかを調べることが検証です．

まず，温度のばらつきを調べ，次に温度と重量との関係（**図2.7**）を実験な

どにより確認し，特性へどれだけ影響を与えているかを調べます．
このように検証では，選んだ要因と特性の関係を定量的につかむことが重要です．

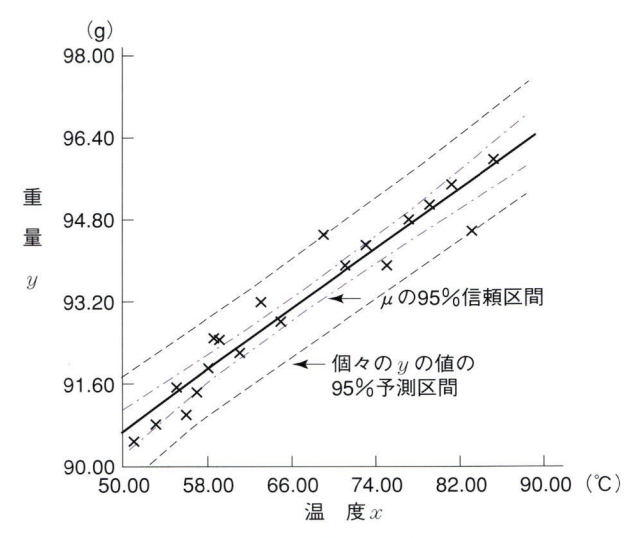

図2.7 温度と重量の関係

（グラフ中の注記：μの95%信頼区間，個々のyの値の95%予測区間）

事 例

4. 要因の解析
（1） 要因の洗い出しと重要要因の選定

現状把握から得られた情報をもとに要因の洗い出しを行い，**図9**のような特性要因図に整理しました．また，◯印で囲んだ要因を重要要因と考え，真の要因であるかどうかを検証することにしました．重要要因と考えた理由と検証方法については，**表2**のとおりです．

（2） 要因の検証

重要要因と考えた要因の検証として，検証1で糊付着量と糊付着清掃時間の関係（**図10**），検証2でノズル径と糊付着量の関係（**図11**），検証3

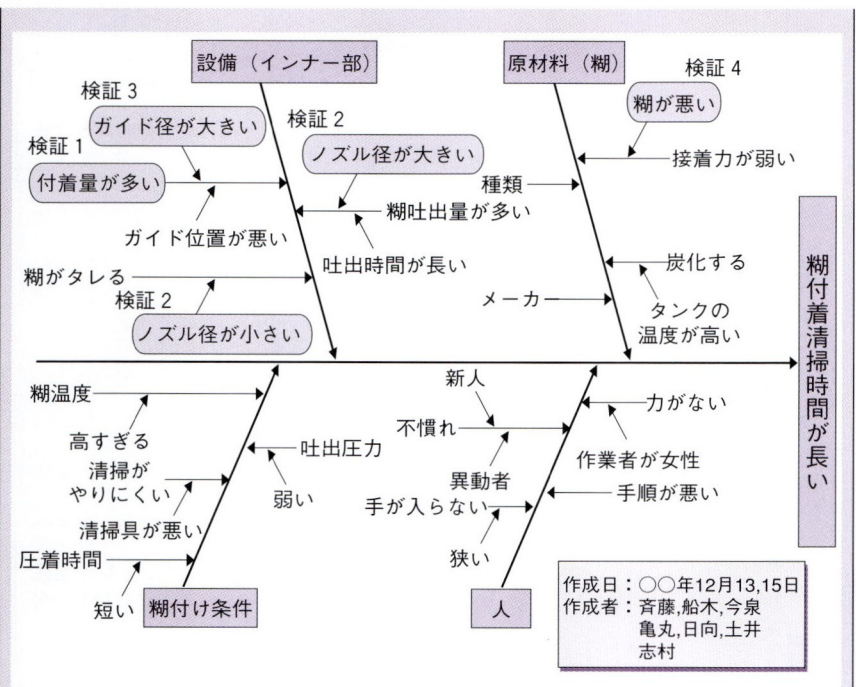

図9 「糊付着清掃時間が長い」の特性要因図

設備（インナー部）
- 検証3：ガイド径が大きい
- ガイド位置が悪い
- 検証2：ノズル径が大きい
  - 糊吐出量が多い
  - 吐出時間が長い
- 検証1：付着量が多い
- 糊がタレる
- 検証2：ノズル径が小さい

原材料（糊）
- 検証4：糊が悪い
  - 接着力が弱い
  - 種類
  - 炭化する
  - メーカー
  - タンクの温度が高い

糊付け条件
- 糊温度
  - 高すぎる
  - 清掃がやりにくい
  - 清掃具が悪い
- 吐出圧力
  - 弱い
- 圧着時間
  - 短い

人
- 新人
- 不慣れ
- 異動者
- 手が入らない
- 狭い
- 力がない
- 作業者が女性
- 手順が悪い

特性：糊付着清掃時間が長い

作成日：〇〇年12月13,15日
作成者：斉藤,船木,今泉,亀丸,日向,土井,志村

表2 重要要因の選定理由と検証方法

重要要因	選定理由	検証内容	方法	いつ	検証No.
付着量が多い	付着量が多いと，清掃時間が長くなると考えられる	付着量と清掃時間との回帰関係を調べる	現場で実際に	〇〇年12月18日〜〇〇年12月28日	1
ノズル径が大きい	糊の吐出量が多いため，付着するのではないか	ノズルの径と付着量との関係を検証する	ノズル径を変える	〇〇年12月18日〜〇〇年12月28日	2
ノズル径が小さい	ノズル径が小さいと，糊のタレが発生すると考えられる				
ガイド径が大きい	ガイドへの付着が多いので，その理由を探る	ガイドの径と付着量との関係を検証する	ガイド径を変える	△△年1月13日〜△△年1月17日	3
糊が悪い	使用している糊の特性が好ましくないのではないか	糊の品質特性を調査する	調査依頼	△△年1月13日〜△△年1月17日	4

〈検証1〉糊付着量と糊付着清掃時間の関係

(分)
$n=15$
$y=0.2221x+0.8076$
$r=0.728$
糊付着清掃時間／糊付着量(g)

わかったこと
糊付着量と糊付着清掃時間とは正の相関がある

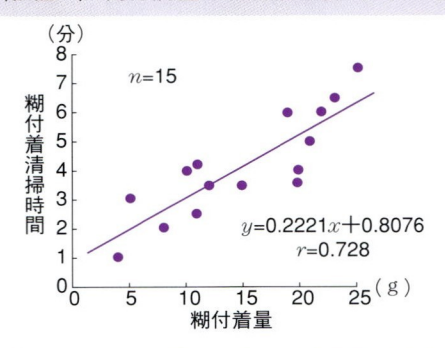

図10　糊付着量と糊付着清掃時間の関係

〈検証2〉ノズル径と糊付着量の関係

(g)
$n=20$
タレが発生
ガイドに多く付着
現行
糊付着量／ノズル径(mm)

わかったこと
ノズル径が小さいとタレが発生し，大きいとガイドへの付着が発生する

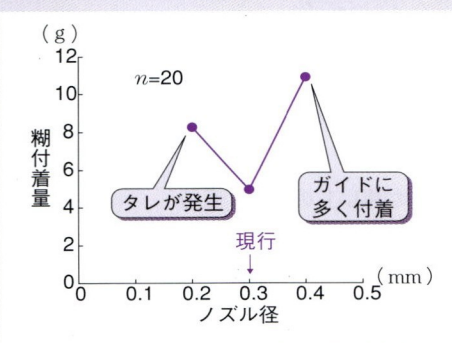

図11　ノズル径と糊付着量の関係

でガイド径と糊付着量の関係（図13），検証4で糊の種類と糊付着量の関係（図14：p.70）について調査しました．

【タレと付着の説明】（図12）
- "タレ"とは──ノズルの先より下に糊が落ちることをタレといい，タレが発生するとプレートを汚してしまう．
- "付着"とは──糊が搬送ガイドに付いてしまうことを付着といい，付着量が多くなるとプレートやその周辺を汚してしまう．

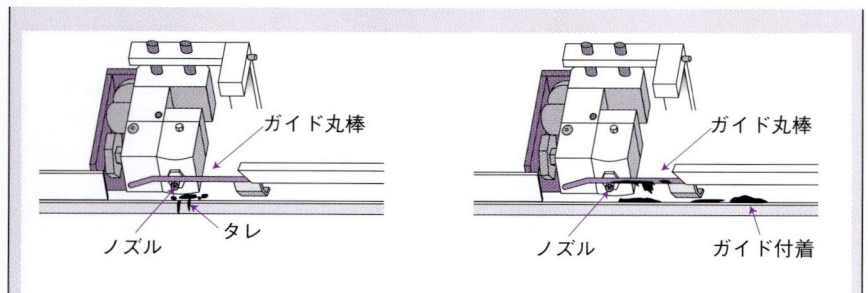

図12 タレと付着の説明

〈検証3〉ガイド径と糊付着量の関係

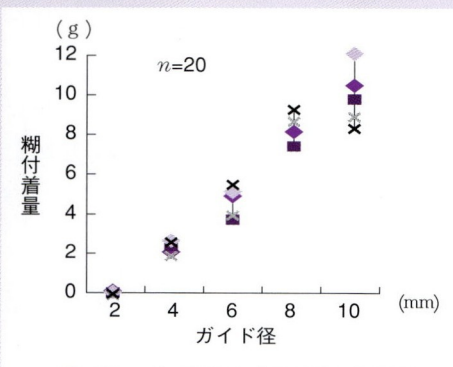

図13 ガイド径と糊付着量の関係

わかったこと
ガイド径が大きくなるほど糊付着量が多くなる

　現行のガイド径は10mmで形状は丸棒状です．ガイド形状は変えずに，径を変化させて糊付着量への影響を検証しました．

〈検証4〉糊の種類と糊付着量の関係

　使用実績のある2種類の糊で糊付着量の差を調査しました（ガイド径10mmの場合）．

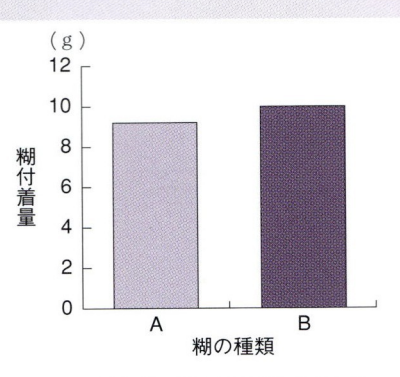

わかったこと
糊の種類による付着量の差はない

図14 糊の種類と糊付着量の関係

(3) 要因解析のまとめ

要因解析の結果をまとめると以下のようになります．

① 糊付着量と糊付着清掃時間とは正の相関関係がある．
② ノズル径が小さいとタレが発生してプレートを汚し，大きいとガイドに付着してしまう．
③ ガイド径が大きいほど糊付着量が多くなる．
④ 糊の種類による差はない．

指導者・支援者の関わり方

(1) 要因の洗い出しにかたよりがないかをチェックする
- 現場，現物を見て観察していますか？
- 今までにわかっている固有技術を考慮していますか？
- 固有技術だけにこだわっていませんか？
- 現状把握で得られた特徴のある情報が，要因解析に活かされていますか？

  （例） 問題点：「異常件数の急増」

  　　　現状把握でわかったこと：夏休み後から異常が急増している

  　　　　　　↓

要因の洗い出し時に「夏休み前後で変わったことは？」と考えれば，
　　・機械の分解点検を行った
　　・1人長期休暇をとり4人作業が3人作業になっていた
　　・夏休み後から材料が変わっている
というように現状把握から得られた情報を手がかりに，要因を抽出することが重要です．

（2）　要因の掘り下げが十分かをチェックする
　担当者は起こっている現象に目をとらわれがちです．
「なぜ？　なぜ？」と出てきた要因に対して担当者に問いかけてみます．担当者が問いかけに詰まるようなら，まだまだ掘り下げが不十分なのです．
　このようなケースでは，固有技術の深い知識が必要な場合が多々あります．必要に応じ適切な人，たとえば開発担当者や技術担当者を紹介することも，指導者としては重要な役目です．

（3）　検証の内容が的確かどうかをチェックする
- 重要要因が適切に選定され，選定の根拠が明確になっていますか？
- 仮説を立て，検証が行われていますか？
- 要因と特性の関係を定量的につかもうとしていますか？
- データをとり，QC手法を用いて，統計的に処理していますか？
- 使用したQC手法の使い方は間違っていませんか？

手順5　対策の検討と実施

　要因解析で究明された真の要因に対して，それを除去するための対策を検討・評価・選択して，適切な処置を確実に実行するのが，この手順です．

　ここでは，悪い現象を発生させた真の要因を取り除いて，二度と同じ現象が起こらないように根本的な対策を打つことに意義があります．そのためには関係者の英知を結集し，有効な対策案を出します．そして，これらの対策案について，効果の効き具合，コスト，制約条件，ほかへの影響度などを総合的に評価して，より良い対策案を選択します．

　また，いくら良い対策案が出されても，これが正しく実行されなければ問題解決にはいたりません．したがって，「いかに確実に実行していくか」ということも重要なポイントの1つといえます．

　そのために，それぞれの対策の実行項目について，「いつまでに」，「誰が」，「どこで」，「どのように実行していくのか」といった，実行計画書もきちんと作成しておくことが大切です．

実施の手順

（1）　要因解析で検証された真の要因に対して，それを除去するための対策案を検討します．より多くのアイデアを出すことが重要で，必要があれば関係するスタッフや管理者の協力を得ます．
（2）　出された対策案について，"そのためにどうする"という形で，実行可能な具体策のレベルにブレイクダウンしていきます．
（3）　ブレイクダウンされた対策案について期待効果，費用，実現性，ほかへの影響などの項目で評価し，実行案を決定します．
（4）　対策実施計画を作成し，対策スケジュールや役割分担などを明確にします．

（5） 対策を実施し，対策実施毎に要因に対する効果を確認しておきます．

> **ポイント**

【ポイント1】 対策は検証された主要因をもとに展開する

　対策案を検討するときは，必ず「要因の解析」の検証によって特性への影響が確認された主要因をもとに展開していきます．

　ときどき要因として取り上げなかったものや，管理特性への影響が確認されていないものから対策案が展開されているものを見かけます．「要因の解析」で要因と特性との関係をしっかりつかまえないと，本当に有効な対策案は生まれてきません．

　対策案の展開には，**図2.8**のような系統図が有効です．

　方策展開型系統図を作成するためには，要因解析で検証された主要因を方策的な表現に変えて1次項目とし，"そのためにどうする"という形で，対策案を2次，3次と，より具体的な手段へとブレイクダウンしていきます．

　関係者全員で知恵を出し合い，なるべく多くのアイデアを出すことが重要です．多く出されたアイデアの中にこそ良い解決策があるのです．

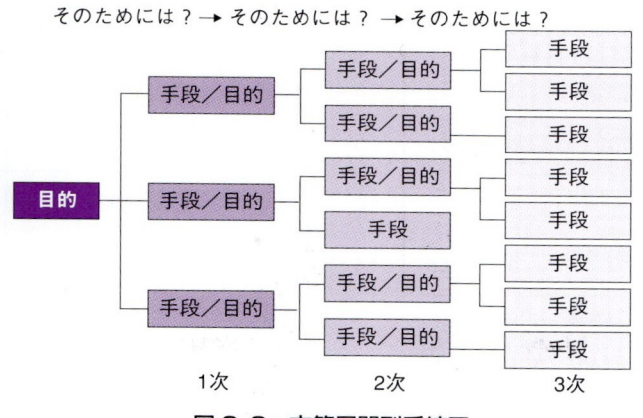

図2.8　方策展開型系統図

【ポイント2】 効果の大きな対策を選定する

　対策案を選定するときには，できるだけ多くの人の意見を聞いて効果の大きいものから順に選びます．

　対策案選定におけるツールとして，図2.9のようなマトリックス図があります．対策の実施に当たっては，費用や時間などの制約条件や，予測されるほかへの影響などをあらかじめ明確にしておき，選定基準に追加します．

　対策案選定におけるマトリックス図では，「実現性」はできるだけ詳細にその中身を分け，評価を行います．特に，効果の大きい対策案を選ばなかった場合には，その根拠を明確にしておくことが必要です．あとから見直した際に，なぜこの対策案を選んだのか，選ばなかったのかがわからないようでは，固有技術の蓄積にはなり得ません．

対策案	効果 A	実現性 B	総合 A+B		実現性				
					難易度	コスト	時間	ほかへの影響	平均
1. 高精度制御装置に更新	5	2.5	7.5		3	1	1	5	2.5
2. 検出器の位置を変更	3	5.0	8.0		5	5	5	5	5.0
3. 温度設定を変更	1	5.0	6.0		5	5	5	5	5.0
4. 温度制御プログラム改良	5	4.3	9.3		4	5	3	5	4.3
5. マニュアル操作で補助	1	3.0	4.0		1	5	5	1	3.0
6. 2重扉化（外部空気遮断）	3	2.8	5.8		3	2	1	5	2.8

（評価）5：非常に良い
　　　　4：良い
　　　　3：まあまあ
　　　　2：やや悪い

図2.9　対策案の選定

【ポイント3】 対策を実施する前に懸念点の対応策を検討する

実際に対策を実施する前に，予測される問題，懸念される点を十分洗い出し，その対応策を検討しておきます．

その対策の効果が大きかったとしても，一方では作業がやりづらくなるなど，ほかの面で悪影響を及ぼすことがあります．そのようなほかへの影響がないかどうかを十分検討し，懸念がある場合には事前にその対応策を決めておきます．

そして懸念される点としてあげられた項目は，対策を実施したあとの，効果の確認の中で「ほかへの影響」の項目として問題のないことを確認します．

【ポイント4】 実施した対策は具体的に表現する

選定した対策案と目標を照らし合わせ，実現性と目標達成の目処が立ったら実行に移します．

実施した対策内容はできるだけ図表や絵などを用い，対策前後の違いをわかりやすくまとめます．

対策した内容を具体的に記述しておかないと，何が有効に効いたのかがぼやけてしまい，標準化や維持管理に必要な項目を見落としてしまう危険性があります．

【ポイント5】 対策の効果は，まず要因で確認する

実施した対策の効果は要因毎に確認します．

管理特性への効果は，次の手順の「効果の確認」で総合的に確認するので，ここでは各要因に対しての個々の対策の効果を確認しておきます．

「要因で確認する」とはどういうことでしょうか？

たとえば，管理特性が"重量不良"だった場合に，要因解析した結果，主要因が"温度のばらつき"という結果になったとします．

管理特性の「効果」は"重量不良"がなくなったかどうかということですが，これは次のステップの「効果の確認」で行います．要因で確認するという

のは，主要因である"温度のばらつき"が対策によって本当に減少したかどうかを確認することです（図 2.10）．

このことから，それぞれの対策が有効かどうかを判断することができます．

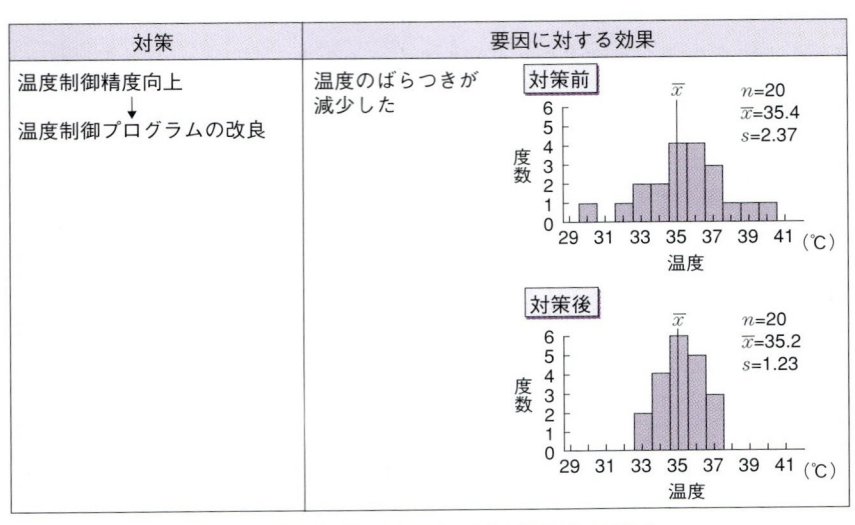

対策	要因に対する効果
温度制御精度向上 ↓ 温度制御プログラムの改良	温度のばらつきが減少した　対策前　$n=20$，$\bar{x}=35.4$，$s=2.37$ 対策後　$n=20$，$\bar{x}=35.2$，$s=1.23$

図 2.10　対策毎の要因に対する効果の確認

事　例

5. 対策の検討と実施
（1）対策の検討

要因解析の結果から，ノズル径とガイド径が適切でないことが真の要因と判明しました．そこで，「糊付着清掃時間をなくすには」の対策について，図 15 のような方策展開型系統図を作成し，メンバー全員で対策案のアイデア出しを行いました．

出された対策案を効果，実現性で評価し，効果的で実現性のある対策案①と，対策案②を選択しました．

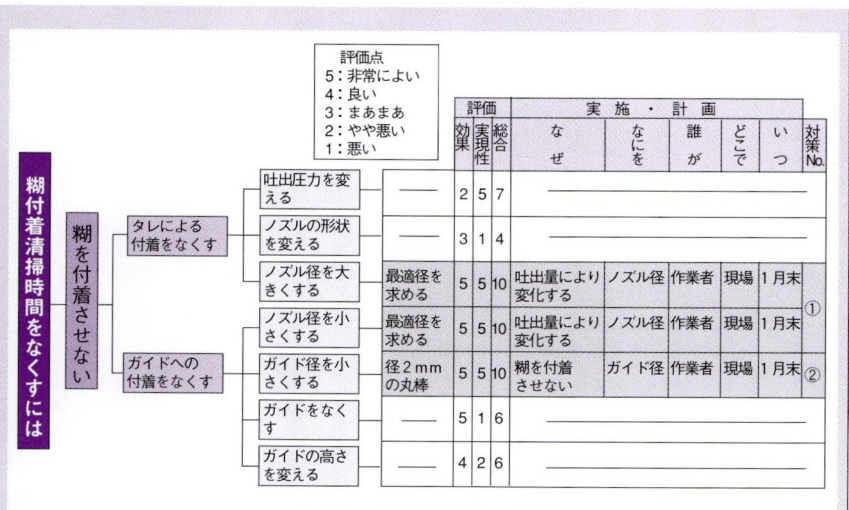

			評価点 5：非常によい 4：良い 3：まあまあ 2：やや悪い 1：悪い		評価			実施・計画					対策No.
					効果	実現性	総合	なぜ	なにを	誰が	どこで	いつ	
糊付着清掃時間をなくすには	糊を付着させない	タレによる付着をなくす	吐出圧力を変える		2	5	7						
			ノズルの形状を変える		3	1	4						
			ノズル径を大きくする	最適径を求める	5	5	10	吐出量により変化する	ノズル径	作業者	現場	1月末	①
		ガイドへの付着をなくす	ノズル径を小さくする	最適径を求める	5	5	10	吐出量により変化する	ノズル径	作業者	現場	1月末	
			ガイド径を小さくする	径2mmの丸棒	5	5	10	糊を付着させない	ガイド径	作業者	現場	1月末	②
			ガイドをなくす		5	1	6						
			ガイドの高さを変える		4	2	6						

図15　方策展開型系統図

〈対策案①の検討〉

　タレとガイドへの糊の付着は，ノズル径によって相反する関係があることが検証2でわかりました．そこで，現行のノズル径（0.3mm）を中心に，最適ノズル径を調査するテストを行ったところ，糊付着量が最も少ないノズル径は**図16**のように0.35mmであることがわかりました．また，ノズル径を変更することによるほかへの影響（詰まり）も確認しましたが，**表3**のように0.35mmのノズル径ではタレ，付着，詰まりがなく，良好であることがわかりました．

〈対策案②の検討〉

　対策②については，検証3のデータから，ガイド径を2mmまで細くすれば糊付着量がゼロであることがわかっているので，径2mmの丸棒ガイドを使用することにしました．

（2）　**対策の実施**

　以上の検討結果を踏まえ，対策①と対策②の2つの対策を実施しました．

わかったこと
糊の付着が最も少ないのは 0.35mm である

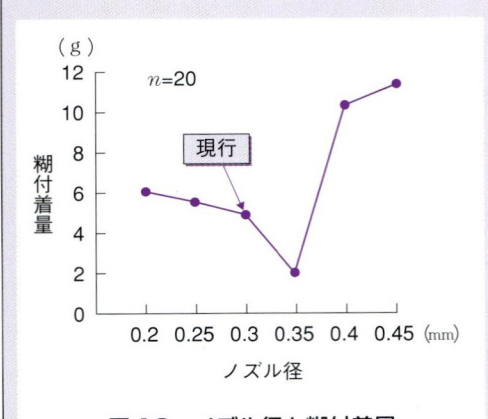

図16 ノズル径と糊付着量

表3 ノズル径による悪現象の比較

ノズル径＼現象	タレ	付着	詰まり
0.20	×	○	×
0.25	×	△	×
0.30	○	×	○
0.35	○	○	○
0.40	○	×	○
0.45	○	×	○

わかったこと
0.35mm であればタレ，付着，詰まりの悪現象を生じない

　　　　　　　　　　　（対策前）　（対策後）
対策①：ノズル径　現行　0.3mm → 0.35mm に変更
対策②：ガイド径　現行　10mm → 2mm に変更

　ところが2つの対策を実施した結果，思わぬ事態が発生してしまいました．ガイド径を2mmに細くしたことにより，ガイドの強度が弱くなり，化粧箱の成形不良を多発してしまったのです．そこで，対策案の再検討を行いました．

（3） 対策の検討 II

「強度を維持するためには」という観点で、現場でアイデア出しを行い、表4のような対策案を出し、評価した結果、対策③を採用することにしました．

対策③：2mmの厚さを保ったまま、ガイド形状を丸棒から平板に変更する（図17）．

表4　ガイド形状の検討

ランク点
○○＝1　○△＝2
△○＝3　△△＝4
○×＝5　×○＝6

対策案	効果	実現性	ランク	対策No
材質変更	△	△	4	―
支点を増やす	○	×	5	―
形状を角形に変更	△	○	3	―
形状を平板に変更	○	○	1	③

厚さ2mmの平板ガイドを対策③として採用することにした

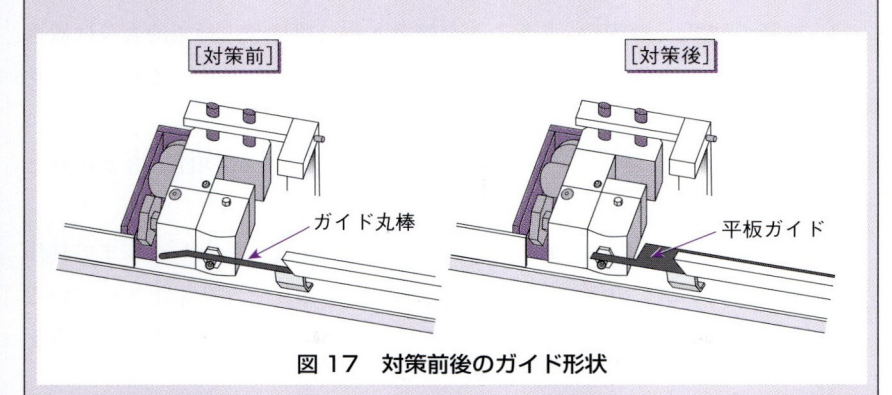

[対策前] ガイド丸棒
[対策後] 平板ガイド

図17　対策前後のガイド形状

（4） 対策の実施Ⅱ

対策①のノズル径 0.35mm と，対策③の平板ガイド化の 2 つをを最終対策として実行しました（**図 18**）．

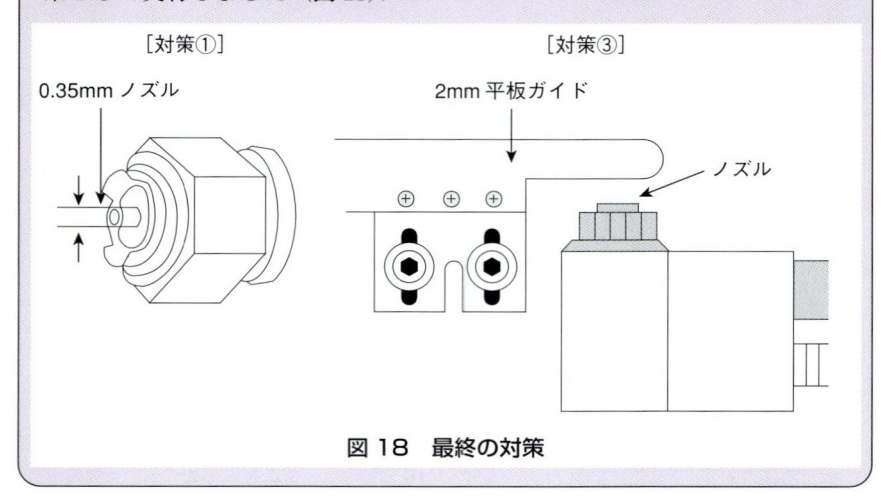

図 18　最終の対策

指導者・支援者の関わり方

（1） 要因解析の結果と対策案がつながっているかをチェックする

1） 検証の結果，主要因であることが確認された項目が，対策的表現に置き換えられ，これが 1 次項目として系統図などが作成されているかチェックします．

2） 1 次項目から「そのためにどうする」という形で，2 次項目，3 次項目と具体的な手段が展開されているかチェックします．

3） 対策案は最終的には「何をどうする」という実現可能なレベルまで具体化されているかを確認します．「○○を変更する」では具体化されているとは言えません．「○○をいくらにする」というところまで落とし込みます．

（2） 対策案が多く出されているかを確認する

　対策案はできるだけ多く出し，本当に有効なものを選ぶことが重要です．初めから頭の中にあった案だけでは，最良な対策案にはつながりません．

　問題解決を進める当事者は，状況をよく知っているだけに，固定概念が発想の邪魔をする場合があります．なるべく客観的に，広い視野で見るよう指導し，より多くの対策案を抽出するよう助言します．

（3） 対策案の選定経過は明確かを確認する

　期待効果だけでなく，コストや期日などの制約や，予測されるほかへの影響についても考慮され，正しく評価し，選択しているかを確認します．

（4） 実施案から効果が見えるかをチェックする

　1） 効果が本当に期待できるか，実施案をよく見ます．
　2） 実施した対策が原理・原則面から見て問題ないかチェックします．
　3） 個々の対策の要因に対する効果が確認されているかチェックします．
　4） 対策を行うことで，ほかに悪い影響が出ないかを確認します．

問題解決型　手順5　対策の検討と実施

手順6　効果の確認

　この手順では，実施した対策の効果を確認します．"効果の確認"とは，問題となっていた管理特性について，実績値がどのように変わったかを調べ，その達成度を確認するということです．

　問題の発生頻度や発生周期を考慮し，妥当な確認期間を設定し効果の確認を行う必要があります．

　効果には，ねらったものの効果（直接的効果）と，付随して得られた効果（間接的効果）とがあります．付随して得られた効果はその他の効果としてまとめ，個人やメンバーの成長に関する効果は無形の効果としてまとめておきます．

　効果の確認の結果，目標値を達成できた場合はよいのですが，そうでなかった場合は，今まで進めてきた手順のうちで，どこに欠陥があったかを調べ，その手順にまでもどって，再度検討をやり直します．「要因の解析」→「対策の検討と実施」→「効果の確認」→「要因の解析（その2）」……というように，これらの手順を繰り返さなければいけないことはよくあることです．

実施の手順

（1）　すべての対策結果をチェックし，最終的な対策効果を確認します．

（2）　当初の目標値と比較し，達成度を把握します．未達のときは原因を調べ，手順4「要因の解析」や手順5「対策の検討と実施」にもどります．

（3）　効果は有形の効果だけでなく，無形の効果（メンバーの成長など）も把握します．また，対策を実施したことによるほかへの悪影響や波及効果についても把握します．

（4）　有形の効果は，できるだけ金額換算します．

ポイント

【ポイント1】 効果の確認は，現状把握のグラフで行う

　この手順では，実施した対策の効果を確認します．効果の確認とは，対策をとる前と後で，問題となっている管理特性がどのように変わったか，その有効性を調べることです．対策をとったあとで，目標としたレベルに到達したかどうかをできるだけ数値で把握するようにします．

　対策の有効性を十分確認しておくことが，その後の維持管理や問題解決に対しても重要となります．

　対策の実施結果について，効果を把握するためのデータをとり，効果を確認します．その他の副次的効果についても調査しておきます．

　対策前後の確認は，図2.11のように必ず「現状の把握」で用いたグラフに対策後のデータを付け加える形とし，グラフの中にはベンチマーク（BM），目標，結果を明記します．このことにより，目標の達成度合いが一目でわかるようになります．

　データは，できるだけ時系列で表します．周期性や，ばらつきを考慮し，十分な期間をとって確認することが大切です．

　もし，対策の効果が明確でない場合には，統計的な手法による「母平均の差」や「母分散の比の検定」を行うか，あるいはデータ数を増やすようにします．

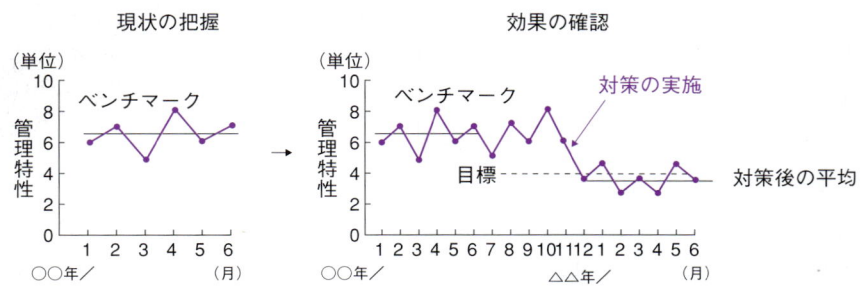

図2.11　「現状の把握」のデータを用いた効果の確認

【ポイント２】　効果を対策毎に分けて調べる

　複数の対策を実施したときは，対策毎に効果を分けて調べるように心がけることが肝要です．

　対策毎に有効性を確認することは，「無駄な対策をとり，あとの問題解決の足かせとなること」を防ぐ意味で大切です（図2.12）．

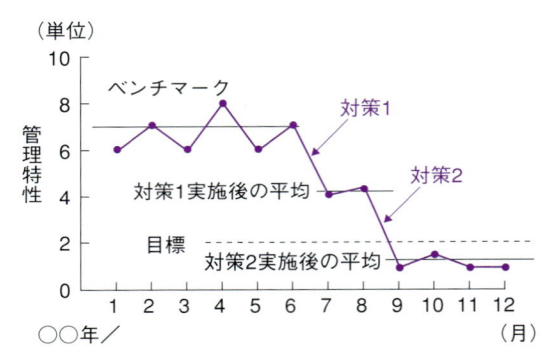

図2.12　対策毎の有効性の確認

【ポイント３】　ほかへの影響を十分確認する

　１つの対策をとることにより，効果は複数現れることが一般的です．副次効果の中で，良い効果は「その他の効果」としてまとめますが，対策検討時に懸念される点としてあげられた項目については，「ほかへの影響」として問題がないかどうかを具体的に確認します．

　今回打った対策により，ほかの品質・コスト・納期・能率などにマイナスの影響を与えていないかどうか，十分に確認しておく必要があります．たとえば，対策を実施するに当たり，設備投資や業務移管，新規作業などが発生した場合，「ほかへの影響」として，その金額や工数をまとめておきます．

　また，問題解決による成果を共通の尺度で評価するために，できるだけ金額効果を求めておくことも大切なことです．これは，自分たちが一所懸命に行った問題解決の成果を，管理者へPRすることにもなりますし，自分たちのやりがい感・達成感にもつながります．特に，方針管理と連携しているテーマの場

合には，自分たちの問題解決のテーマが方針管理のテーマへどれくらい貢献しているかが明らかになります．

（金額効果の算出例）
① 不良品削減の場合：
　削減された不良品の数×不良品の単価×年間換算
② 工数低減の場合：
　低減された工数×時給×年間換算

【ポイント4】　無形の効果も把握する

　無形の効果とは，グループ（個人）の成長への貢献を示すもので，手法の習得やコミュニケーション，問題意識の向上，技術力の向上などのことです．

（無形の効果の例）
① 問題解決の進め方に対する理解が深まり，問題解決能力が向上した．
② リーダーシップが向上し，チームワークが良くなった．
③ 問題意識，品質意識，改善意識が高まった．
④ 問題解決活動の自走力がついた．
⑤ 手法がうまく活用できるようになった．

　できるだけ，問題解決テーマ毎にサブ目標として「成長の目標」を設定し，図2.13のようにレーダーチャートで効果を表すようにします．

　グループの成長について，評価項目と評価基準を設定し，表2.2のような評価表を作成しておくと，成長の度合いを定量的に評価することができます．

　グループ（個人）の成長という観点で，問題解決を進めるうえで良かったところ，さらに努力すべきところを管理者・メンバーでよく話し合うことも必要です．

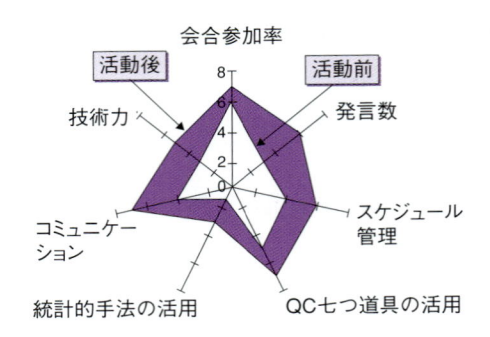

図2.13　グループ成長のレーダーチャート

用　語　解　説

【標準偏差】
　データのばらつきの大きさを示す尺度の1つ．通常 s という記号で表す．たとえば，データの分布が正規分布に十分近ければ，平均値の両側にそれぞれ標準偏差の3倍の幅をとると，この区間（平均値±3s）にデータの大部分（99.7%）が入ってしまう．

【ワンポイントレッスン（one-point lessons）】
　設備・機器の構造，働き，点検方法などの各項目の要点を1枚のシートにまとめ，5～10分位の短時間で自主的に学習すること．現場部門における教育は，教育のためにまとまった時間を多くとることが困難な場合が多いことや，また1度教育を受けても，日常の繰り返しの復習がなければ身につかないことなどから，朝礼やちょっとした時間を利用して，日常活動の中で学習することが有効であり，自主保全活動を進める中でも盛んに行われる学習活動の1方法である．

【ベンチマーク（benchmark）】
　効果目標に対し，スタート時点の状態を表す数値としてベンチマーク（基標）を設定する．このスタート時点の数値のことをいう．「BM」と省略して表すこともある．

表2.2 成長の評価表

年度グループ評価表（自己評価用・職制評価用）

職場名（　　　　）　グループ名（　　　　）　合計点（　　　　）

分類	項目	評価レベル 5	4	3	2	1	評価
活動テーマの選定	問題のとらえ方	全員が問題の背景・重要性を十分理解し、問題点や原因は整理されている。	問題点の悪さ加減はデータでとらえているが、80%位が理解している。	問題点の悪さ加減は定性的に理解している。	問題点の悪さ加減は定性的に明確になっているが、約半数しか理解していない。	問題点の悪さ加減が明確でなく、ほとんどの人が理解していない。	
	目標の設定	上司方針・目標の一部を担っており、メンバー全員が十分納得した目標である。	目標設定の根拠が明確であり、全員が納得した目標である。	約半数以上の人が納得した目標である。	半数未満の人が納得した目標である。	一部の人だけで決めた目標である。	
	活動計画の策定	上位方針に自主方針をリンクさせ自分たちの活動に置き換え目標が明確で、PDCAが十分回った。	上位方針に自主方針をリンクさせ活動が業務として定着している。また、他サークルとの連携もある。	上位方針をそのまま活動計画にしている。一部に主体性を感じ取ることができる。	上位方針をそのまま活動計画にしている。チャレンジ精神が低い。	上位の指示だけで動く。活動に主体性がない。	
活動の実施	会合出席率	90%以上	90%未満〜80%以上	80%未満〜70%以上	70%未満〜50%以上	50%未満	
	役割分担	全員が分担された役割を積極的に果たせた。	全員が分担された役割をほぼ果たせた。	役割分担はしたが、リーダーや一部メンバーに負担がかかった。	役割分担したが、リーダーに負担がかかった。	役割分担したが、リーダー任せだった。	
	会合	会合は計画どおり開催され、会合の結論も共有化され、今後の活動方向が明確になっている。会合も効率よく実施している。	会合は計画どおりに開催されたが、結論および今後の活動方向の共有化がない。	会合は計画的に開催された。	会合は計画の50%以上の割合で開催している。	会合はほとんど計画どおりではなく、開催率も計画の50%未満である。	
	参画意欲	全員が相手に学ぶ姿勢があり、積極的な意見交換が十分できている。	相手に学ぶ姿勢がやや弱く、積極的意見交換ができていない。	相手に学ぶ姿勢が弱く、素直な意見交換ができていない。	一人ひとりがバラバラで相手に学ぶ姿勢がない。	一人ひとりがまったくバラバラである。	
	知識・技能のレベルアップ	活動を進めるうえで必要な知識・技能を取り込みグループの成長につなげた。	活動を進めるうえで必要な知識・技能を取り込んだ。	活動を進めるうえで必要な知識・技能の向上に努力した。	活動を進めるうえで必要な知識・技能向上の努力が弱かった	活動を進めるうえで必要な知識・技能向上の努力なし。	
	創意工夫	活動内容に創意と工夫があり、楽しんで活動している。	独自の活動への意気込みが見られる。	活動の工夫はされているが、独自の活動内容ではない。	工夫もなく形だけの活動内容になっている。	活動に創意・工夫がまったく考えられていない。	
効果の把握	目標の達成度	90%以上	90%未満〜80%以上	80%未満〜70%以上	70%未満〜50%以上	50%未満	
	効果	100万円/月以上	100万円/月未満〜50万円/月以上	50万円/月未満〜10万円/月以上	10万円/月未満〜1万円/月以上	1万円/月未満	
	定着化	活動結果の共有化された、標準書類の改訂・制定がされ、標準化が進んでる。	活動結果の共有化はされたが、標準化が遅れている。	活動結果の共有化はされたが、標準化がされていない。	標準化されていない。	まったく標準化の検討がされていない。	
目標達成の満足度	管理者目標達成貢献度	管理者の期待した以上に貢献した。	管理者の期待どおりに貢献した。	管理者の期待どおりに貢献できた。(7割以上）	管理者の期待どおりに貢献できた。(5割以上）	管理者の期待どおりに貢献できなかった。(5割未満）	
	やりがい	全員が活動を通じてやりがい（成長）を感じ、次年度活動に活かすことができる。	活動してやりがい（成長）があった。	活動して少しやりがい（成長）があった。	活動して一部の人のみやりがい（成長）があった。	活動して良かったことはまったくなかった。	
	改善提案件数（1人当たり）	20件以上	10件以上	5件以上	3件以上	2件以下	
	他グループへの影響度	グループの存在感がある。グループへの影響度が大きい。	他グループへの働きかけを日常から行っている。	自グループだけの活動が多く、他グループとの活動結果の共有化が少ない。	自グループ中心の活動で他グループへの働きかけを考えていない。	他グループの足をひっぱっている。	

第2章　問題解決型で解決する

問題解決型　手順6　効果の確認

> 事 例

6. 効果の確認
(1) 有形の効果
① 糊付着清掃時間の推移

管理特性である糊付着清掃時間は，**図19**のように，対策③実施後の2月からは目標の"ゼロ"を達成しました．

② 対策前後における停止時間の比較

対策前後の箱詰め機停止時間の内訳を，**図20**に示します．対策により糊付着清掃時間がなくなり，大幅な停止時間の削減になりました．

(2) 無形の効果

図21のレーダーチャートのように，本取り組みによりメンバーが大きく成長しました．特にチームワークが非常に良くなりました．また，装置の構造や糊の特性に関する知識が高まりました．

(3) その他の効果

本取り組みによる効果金額を試算すると，年間約110万円のコストダウ

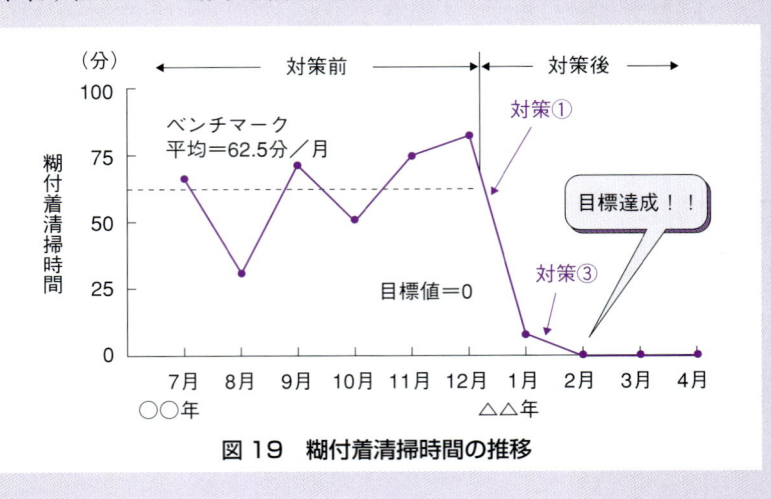

図19　糊付着清掃時間の推移

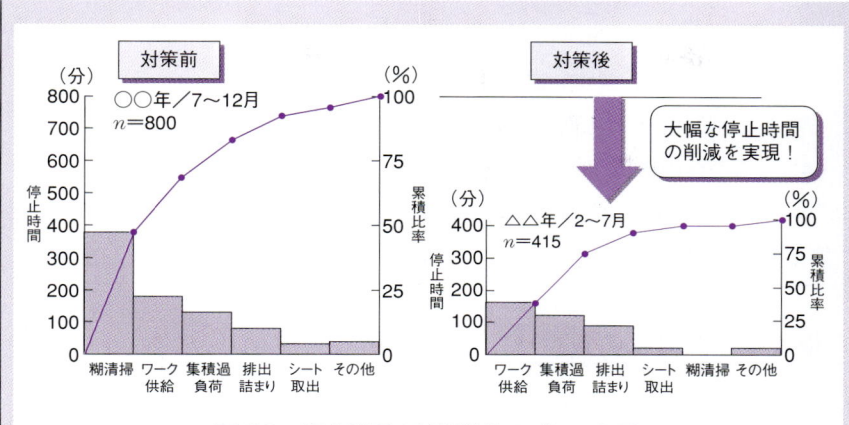

図20　停止時間の対策前後のパレート図

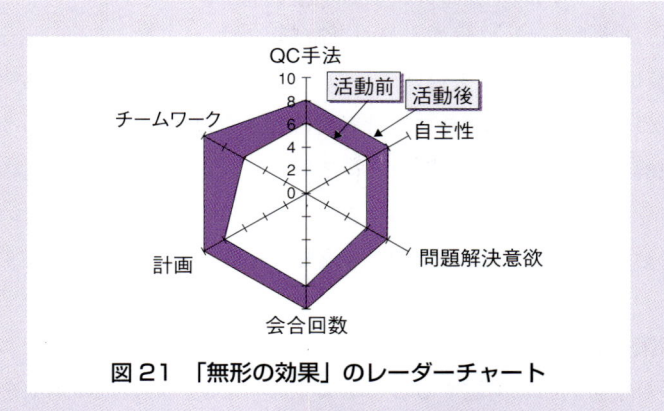

図21　「無形の効果」のレーダーチャート

ンになります．
① 工数削減金額
　　62.5分/月 × 7名 = 438分・人/月
　　438分・人/月 × 12カ月 = 5,256分・人/年（88h/年）
　　88h × 3,000円（時給）= 264,000円/年
② 製品，包材ロス削減
　　糊付着起因による製品，包材ロス実績 = 69,700円/月

69,700 円/月 × 12 ヵ月 = 836,400 円/年

〈トータルコストダウン額〉

264,000 円/年 + 836,400 円/年 = 1,100,400 円/年

(4) ほかへの影響

　対策後の大量流し込みテストにより，接着不良や箱成形不良などの悪影響がないことを確認しました．

指導者・支援者の関わり方

(1)　効果の確認が的外れとなっていないかをチェックする
- 確認している内容が管理特性になっていますか？

  （例）【管理特性】は作業人員→【確認内容】は工数

  「工数は減ったが作業人員は変わらず」では問題解決はできていません．
- 現状の把握で使ったグラフに対策後の実績を追加していますか？

  問題解決が進むうちにいろいろな矛盾が見つかり，対策前の現状を都合の良いように解釈し直すことがあります．解釈のし直しは決して悪いことではありませんが，都合の良い部分だけを見ていないかチェックします．

(2)　対策毎の効果確認ができているかをチェックする

　複数の対策を同時に実施することはよくあります．対策毎の効果を確認する手段を考えて実施することも必要です．

(3)　問題解決による成果が具体的に表現されているかをチェックする

　問題解決の成果を認めるためにも，効果金額を求めるように指導します．場合によっては，求め方（計算方法）の助言も必要です．

(4)　ほかへの影響の確認内容をチェックする

　（例）「作業工数の削減」→【対策】自部門の作業を他部門へ移す

ほかへの影響の確認として，「他部門での作業に，特に問題ないことを確認した」という記述を見かけます．確認内容を具体的に聞いてみてください．他部門へ作業移管した場合，総合的に見てどういう効果があったのかを調べるのは，管理者でなくてはできません．

(5) 無形の効果を確認しているかをチェックする

問題解決を通じてグループ・個人の能力が伸びるよう指導・支援することが大切です．

1つの問題解決が終わった段階で，取り組んだ結果「良かったところ」，「もう一つ思いどおりにいかなかった点」などをメンバー（特に主担当者）と話し合い，書き出してみると，今後の目標が見えてきます．

手順7 標準化と管理の定着

> 効果のあった対策を日常業務のルールの中に組み込むことによって，効果が逆戻りするのを防ぐのが標準化です．
> 標準化で大切なことは，次の3点です．
> ① 仕事の勘どころを押さえた，要点の明確なものであること．
> ② それを実行する人にとって無理なく遵守できるものであること．
> ③ その標準を日常業務の中に根づかせ，形骸化させないこと．
> これらのことを十分考慮して，標準書の制定，改訂を行い，標準化した内容は関係者全員に周知徹底を図ります．
> また，管理の定着としては，決めたことが守られているか，あるいは効果が維持されているかを確認するためのチェック方法を決め，定期的にチェックを行います．

実施の手順

(1) 4M（人，設備，材料，方法）について，良い結果を得るための内容を標準化します．誰もが守れる標準とすることが大切です．必要な場合は，フールプルーフ化（ポカよけ）も考慮します．

(2) 決めた標準について，周知徹底と教育・訓練の実施，関係部署へPRを行います．

(3) 良い状態が維持されているか，標準の遵守状況や結果である管理特性を定期的に確認します．

ポイント

【ポイント1】 標準化は，対策と対比させて行う

この手順は，元の状態に戻らないように維持・管理する方法を検討・実施します．せっかく良い対策を打っても，維持・管理する方法が決められていないとすぐに元に戻ってしまう可能性があります．

この手順の具体的内容は，「標準化」，「教育・訓練」，「管理の定着」に分かれます．

対策毎に，標準化の内容，対策の維持管理方法，教育・訓練の方法をまとめておきます（表2.3）．

表2.3 標準化のまとめ

対策名	標準書名（No.）	対策の概要	対策の維持管理	教育・訓練
1．保管場所の設定	標準書 No. 0230 を制定	個人棚から共通棚へ変更	チェックシートで管理 年1回見直し	6月25日 職場ミーティング
2．フォーマットの統一	標準書 No. 0227 の"使用フォーマット表"を改訂	バラバラであった関連部署のフォーマットを統一	フォーマット使用状況をミーティングで確認	6月30日 ワンポイントレッスン書を用いて教育

【ポイント2】 標準類（管理帳票，要領など）を制定する

標準化の第一歩は標準書の作成です．問題解決のために対策を打ったのですから，今までと仕事のやり方は異なってくるはずです．そこで，この新しい仕事のやり方が継続できるように，標準書を作成もしくは改訂しておかなければなりません．

また，できた標準書が使えなくては意味がありません．使える標準書となるように，使う人が中心となって標準書を作成するようにします．

【ポイント3】 問題解決後の維持ができていることを確認する

維持管理の内容は2つあります．
① 対策の維持管理：対策の標準化および標準書の管理や遵守チェック→決めたことが守られているかどうかのチェックです．
② 特性の維持管理：効果が維持できていることのチェック→問題解決した効果が持続しているかどうかのチェックです．

標準化がしっかり行われ，守られていれば，効果は維持できると思われがちですが，決めたことが守られていない，決めたことは守っているが環境が変わったなどにより，過去に問題解決した内容がまた悪くなるケースもあります．

管理のやり方を制定するに当たっては，データのとり方・まとめ方・異常判定の仕方・アクションのとり方などについて，5W1H（誰が，いつ，何を，どこで，なぜ，どのように）を明確にするように留意しなければなりません．

【ポイント4】 効果が維持できていることをチェックする体制をつくる

目標特性が定常的な管理特性であれば問題ないが，非定常的な特性の場合には，定期的にチェックする体制をつくっておくことが必要です（図2.14）．

たとえば，「作業工数の削減」を行った場合に，問題解決した内容を守っていても，新規装置の導入，製品構成の変更などで「作業工数」が増える場合があります．よって，定期的に「作業工数」を確認していれば，図2.14のようにすぐに問題に気付きます．

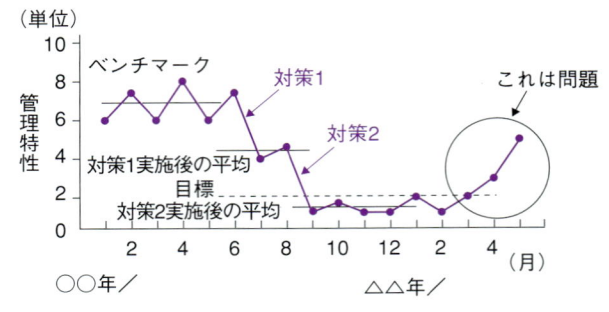

図2.14 管理特性のチェック

事例

7. 標準化と管理の定着

表5のように標準化しました．対策の維持管理については，「自主保全点検標準書」に盛り込み，定期点検を行っています．効果の維持管理については，毎日の「作業日報」により効果が持続されていることを確認しています．

表5　標準化と管理の定着

5W1Hで実施					
なぜ （目的）	何を （項目）	誰が （担当）	どこで （場所）	どのように （方法）	いつ （期間）
標準化	ノズル径0.35mmの基準	リーダー 志村	現場	「自主保全点検標準書」に盛り込む	△△年2月23日
教育訓練	「自主保全点検標準書」に盛り込んだ内容	サブリーダー 船木	現場	現物と「自主保全点検標準書」で徹底	△△年2月23日
維持管理	糊付着清掃時間	組リーダー 斉藤	管理室	日々，日報で確認	毎日
実施状況のチェック	糊吐出量	作業者	現場	「日常点検チェックシート」	始業時

8. 反省と今後の進め方

今回の取り組みを通して感じた点，気付いた点を今後の問題解決に活かしていくために，表6のようにまとめました．

表6　反省と今後の進め方

	手順	良かった点	悪かった点	今後の進め方
P	テーマの選定	方針に基づきテーマが選定できた．	――	方針にそってロス削減のテーマに取り込む．
P	現状の把握と目標の設定	他号機，他部位の比較ができ，悪さ加減の絞り込みができた．	絞り込みに時間を要した．	データのとり方を工夫し進めていく．
P	活動計画の作成	役割分担し効率的に進められた．	――	今後もグループの力を合わせ，効率的に進める．
D	要因の解析	他部門を巻き込んで取り組めた．	要因の解析力が弱く，活動が遅れた．	問題解決型にこだわり，解析力を高める．
D	対策の検討と実施	対策案の実施で良い成果が得られなかったが，再度解析し，対策を検討して実施できた．	固定観念にとらわれ，対策までに時間を要した．	既成観念にとらわれないものの見方・考え方をしていく．
C	効果の確認	目標が達成でき，無形の効果として糊の知識が得られた．	――	――
A	標準化と管理の定着	標準化が図れ，効果が維持されている．	――	改善したものはしっかり標準化し，管理の定着を図る．

指導者・支援者の関わり方

(1) 標準化が適切に行われているかをチェックする

- 標準書として書かれたものがありますか（言葉だけでは誤解があったり，時間がたつと忘れたりします）？

(2) 教育・訓練は十分かをチェックする

教育・訓練として，「説明をした」，「ワンポイントレッスンにまとめた」という例を見かけます．良いことですが，それだけに留まらず，標準化した内容

が守れるものかどうかを実際に担当している人に確認し，使いやすい標準書にすることも大切です．

(3) 効果の確認体制は十分かをチェックする

1つ問題解決すると，ほっとして，しばらくすると元に戻ってしまうことがたまに見受けられます．標準化はこれを防ぐ1つの方法ですが，問題解決後の作業の仕方，結果を確認する方法を決めていないとなかなか問題解決の成果は定着しません．

難行苦行のための確認ではなく，本当に効果を維持するための確認方法を全員で決めることが大切です．実施できる確認体制かどうかの観点で助言します．

第3章

課題達成型で解決する

第3章　課題達成型で解決する

この章のねらい

「課題達成型」は，これまでに実施したことのない新規業務や今後起こり得るであろう問題を解決する場合，もしくは既存の業務で慢性的問題を解決する場合に，発想の転換を図り，これまでに実施したことのない方策や手段を追究し，解決する方法を創出するときに有効な手順です．

この課題達成型は，図3.1に示す7つの手順で構成されています．

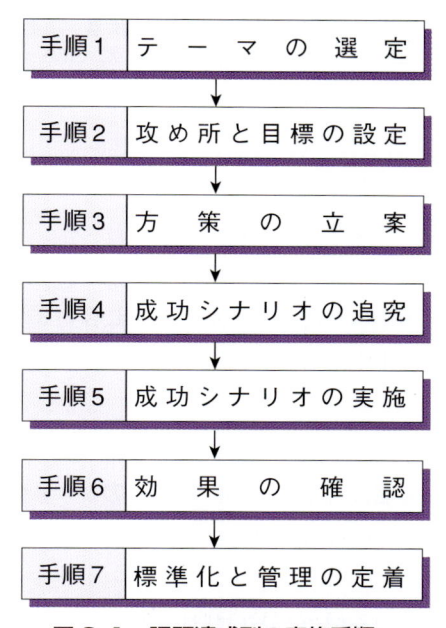

```
手順1  テーマの選定
      ↓
手順2  攻め所と目標の設定
      ↓
手順3  方策の立案
      ↓
手順4  成功シナリオの追究
      ↓
手順5  成功シナリオの実施
      ↓
手順6  効果の確認
      ↓
手順7  標準化と管理の定着
```

図3.1　課題達成型の実施手順

取り組むテーマの「攻め所」を明確にし，この「攻め所」を実現するための方策を，既成観念にとらわれず，発想をめぐらし立案していきます．そして，具体的な「成功シナリオ」を検討・実施して課題を解決していきます．

問題解決型と重複する手順もありますが，十分に課題達成型を理解していただくために，割愛しないで，ていねいに説明します．

手順1　テーマの選定

　この手順では，まず上位方針を確認して，自分たちの困っていることや職場の問題をさまざまな角度から洗い出します．次に，洗い出した問題からテーマとして取り組む必要性を判断して絞り込みを行います．
　その後，選定したテーマの必要性を具体的に表し，解決したい問題（課題）をテーマ名として表現します．したがってテーマ名は，「何をどうしたいのか」が，はっきりわかるように表現します．

実施の手順

（1）　管理者の方針・目標を確認します．
（2）　問題の洗い出しと絞り込みを行います．
（3）　職場の状況などをもとに，今，なぜこのテーマに取り組む必要があるのか，その理由を明確にし，グループで確認し合います．
（4）　テーマ名を決めます．

ポイント

【ポイント1】　テーマ名は「○○における△△の××」の形とする
- ○○：どの範囲の……課題を解決する対象（製品名，工程名，作業名など）
- △△：何を……課題を解決したい特性（故障件数，作業工数など）
- ××：どうしたい……課題を解決する方向・レベル（低減，撲滅など）

　　（例）「＊＊部品成形工程における規格外異常件数の撲滅」
　　　　　「組立工程における切替作業時間の削減」
　　　　　「＊＊製品における変動費の削減」

　このようにテーマ名の形にこだわる理由は，課題の説明を聞いても何をどうしたいのかわからない場合がよくあるからです．どの範囲に対して（対象），ど

ういう内容（特性）を，どうしたい（レベル）──この3要素のうちどれか1つでも曖昧ですと，やりたいことが十分に伝わりません．また，目的が不明確なまま課題の解決を進めると，重要なポイントを見逃し，的外れな解決策になってしまいます．

　本当に解決したい課題が，目的の中に盛り込まれているかを確認し，管理者とメンバー間で意識合わせしておくことが必要です．また，解決する課題内容と上位方針との関係を明確にしておきます．

　テーマ名を見たときに「何をどうしたいのか？」がはっきりわかるようにすることが大切です．

【ポイント2】　テーマ名に手段は入れない

　上位方針から下りてきたテーマ（施策）では，「□□による△△の××」といったように手段（□□）の入ったテーマ名があります．このような場合は，□□を管理特性にしたテーマ名に変更したほうが解決はやりやすいのです．たとえば，「内製化によるA製品のコストダウン」という場合などは，目標のコストダウンを達成するために，内製化が必要であるとわかっていれば「A製品における加工費の削減」というテーマ名が適切です．

　また，テーマ名に内製化などの手段が入ると，その手段に限定した狭い見方しかできなくなり，攻め所の候補を決定する段階で誤ってしまう可能性があります．有効と思われる手段がある場合でも，テーマ名には手段を入れず，1つの攻め所の候補として取り上げ，方策を検討する段階で一つひとつその有効性を確認していきます．

　手段（方策）をテーマ名に入れたい場合は，次のようにサブテーマとして表記します．

　　（例）「＊＊工程における清掃作業時間の短縮」
　　　　　　──◇◇自動清掃装置の開発──

【ポイント3】 管理特性は問題の大きい重要特性にする

　解決する課題を明確にするため，一番解決したい特性を管理特性として取り上げます．そうすることで，テーマ名だけで，何がやりたいのかはっきりしてきます．
　課題達成型では，最初から複数の効果を期待したテーマもありますが，そのような場合は，「攻め所と目標の設定」で管理特性の構成要素や制約条件として取り上げ，特性を実現させるための項目の1つとして取り扱います．

　課題達成型の手順について，事例をもとに各手順ごとに分けて紹介していきます．各手順で説明したポイントなどと照らし合わせて，さらに理解を深めてください．

事　例

　このテーマは，上位方針の製品評価工数削減にともなって，スクラッチ（ひっかき傷）故障評価時間の削減に取り組み，大幅な業務効率の向上を実現した「現状打破」の事例です．
　現状の評価方法から発想の転換をし，新規の評価装置を考え出すことによって，スクラッチ故障評価時間の40％削減を実現し，同時に，暗室での作業時間も削減したことで安全性を大幅に向上させています．攻め所の着眼点や統計的手法を活用し，着実に成功シナリオを追究しているところに特徴があります．

■ テーマ名「新製品Hのスクラッチ（ひっかき傷）故障評価における評価時間の短縮」
　サブテーマ——新規評価方法の開発——
1. テーマ選定の理由

K社では，カラーフィルムの性能評価として，10項目以上のルーチン評価を実施しています．そのうちスクラッチ故障評価*は，全評価工数の30％以上を占めており，最も多くの時間を要しています．評価別作業時間の内訳は，**図1**に示すとおりです．

*スクラッチ（ひっかき傷）故障：手順2「攻め所と目標の設定」のところで詳述します．

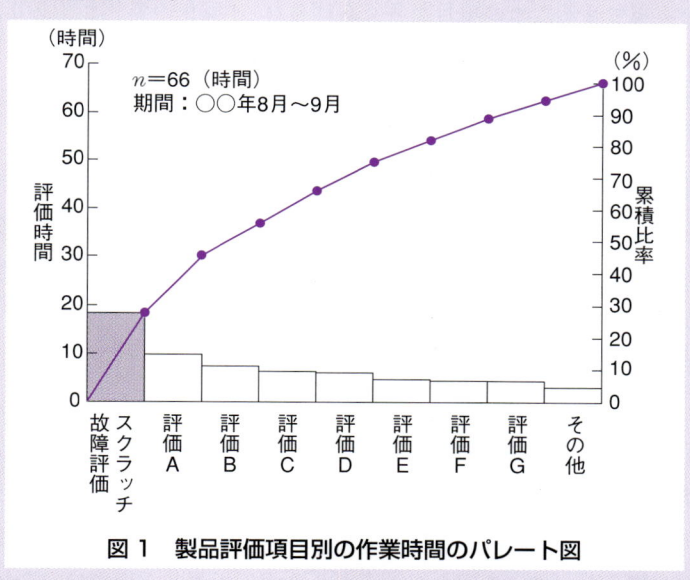

図1 製品評価項目別の作業時間のパレート図

スクラッチ故障評価工数の削減はこれまでも上位方針で掲げられ，その都度，問題解決を実施してきました．しかし，根本的な解決にはいたっていませんでした．そこで，既存業務の現状打破を目標に掲げ，課題達成型を適用して問題解決することを，グループ全員で話し合いました．

指導者・支援者の関わり方

（1） 指導・支援の時期は適時実施する

　1） はじめての指導・支援は，目標設定まで進んだときに実施する

　具体的な指導・支援ができるように，「テーマ名」，「攻め所と目標の設定」が一通り終了した時点で実施します．

　特性を実現させるための項目が多くあげられ，「現在の姿」と「ありたい姿」とのギャップが定量的に明確になっているかを確認します．

　2） 2回目の指導・支援は，"成功シナリオの追究"を行ったときに実施する

　課題達成型では，「成功シナリオの追究」が最も重要です．追究が不十分だと目標も達成できません．2回目の指導・支援は，この時期に行い，攻め所の候補に対して多くのアイデアがあげられ，成功シナリオとして十分に考慮されているか確認します．

　3） 3回目以降は，各ステップで必要に応じて実施する

（2） テーマの大きさや緊急性および効果を踏まえ，全体をとらえた立場で指導する

　グループの人たちは，課題に対して真剣に取り組んでいますが，反面，見ている範囲が狭くなっている場合がよくあります．指導・支援では，全体をながめ，見落としやかたよりがないかを確認し，これらが見受けられた場合には，軌道修正します．

（3） テーマ名の形と内容をチェックする
- 「○○における△△の××」の形になっていますか？
- テーマの大きさやレベルがグループの活動として適切ですか？

手順2　攻め所と目標の設定

　この手順は，問題解決型の「現状の把握」と「要因の解析」に相当する部分です．ここでは，まず取り組むテーマの全体を表す特性を明確にします．そして，その特性値の「ありたい姿」と「現在の姿」を，さまざまな角度から調査します．
　調査した結果をもとに，ギャップを明確にして，どこを重点に方策案を検討するかの攻め所を決めます．次に，選定した攻め所について，「ありたい姿」の目標値を具体的に設定します．そして，具体的に決めた目標値の設定根拠を明確にしてから，いつまでに達成するか計画を立てます．

実施の手順

（1）「ありたい姿」を設定します．
（2）いろいろな角度から「現在の姿」のレベルと「ありたい姿」のレベルを調査し，そのギャップを明確にします．そして，どこを重点にして方策を検討するか，その「攻め所」を決めます．
（3）それぞれの「攻め所」に対して，「ありたい姿」をどこまで達成したいか目標値を決めます．
（4）達成したい目標値に対して，何を，いつまでに，どれくらいにしたいかを決めます．また，その設定の根拠を明確にします．
（5）各手順毎に，誰が，何を，いつまでにやるかなどの計画日程を決めます．
　　　目標の3要素──目標項目・目標値・期限
（6）ガントチャートなどで，グループ全員が見えるようにしておきます．

> ポイント

【ポイント1】 管理特性を明確に定義する

　管理特性を決めたら，その算出方法を含めて，定義します．

　「〇〇異常件数」を管理特性にした場合，異常の内容を明確にすると同時に，「〇〇異常件数」のカウント方法もしっかり決めます．算出方法を明確にしておけば，目標はもちろん，課題の解決そのものが曖昧にはなりません．また，作業の困難度や疲労度や安全性といった，定量化しにくい管理特性の場合も多く見受けられます．このような場合は，その程度を言語データで表現し，**表3.1** に示すようにランク付けをします．

表3.1　困難度のランク付けの例

困難度	例1	例2
1	現状の要員で達成できる	新人でもゲーム感覚で作業できる
2	現状の要員で達成できるが工数がかかる	コツが必要で補助者が必要である
3	現状の3倍の要員で達成できる	3年以上の熟練者でなければできない

【ポイント2】 現状レベルをグラフでつかむ

　管理特性を定義したら，その現状を調査して，**図3.2** に示すように取り組む課題の現状の姿がわかるようにグラフに表します．このグラフは，課題の明確化（現状レベルの確認），目標の設定，効果の確認で使用する重要なグラフとなります．

　また，グラフから読み取れる内容について，わかったことを明確にまとめます．

　データはできるだけ多く（長期間）集め，時系列で表します．時系列で傾向を見ると，管理特性のばらつき（悪さ加減）や周期性がよく把握できるようになります．

(1) 清掃作業時間の推移

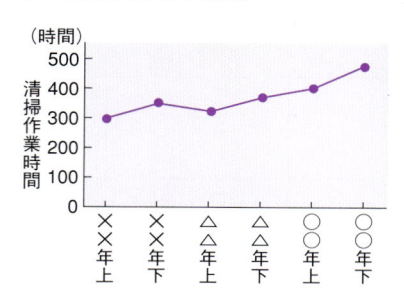

(2) 清掃作業人員の推移

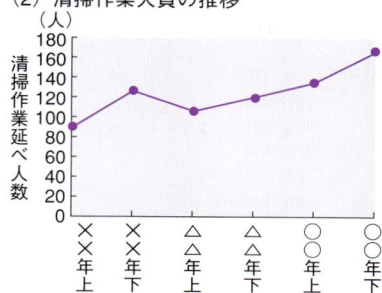

(3) 1回当たりの清掃作業人員

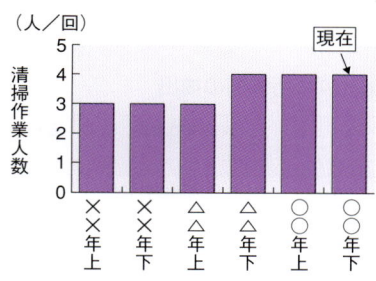

図3.2 管理特性の現状を確認したグラフ

【ポイント3】 管理特性のありたい姿を実現させる項目を決める

　ここでは，管理特性のありたい姿を実現させる項目（要因）を洗い出し，重要と思われる項目（手段系項目）を選定します．この項目は，同じ次元のものとは限らないので，**表3.2**にあるように階層構造をとるように整理するとわかりやすくなります．また，項目毎に，できるだけ定量化して表現するように工夫します．

【ポイント4】 ギャップを定量化し，表にまとめる

　ありたい姿を実現させる項目毎に，現在の姿を調査し，ありたい姿を設定します．その差をギャップとして，ギャップ毎に攻め所の候補を，**表3.3**に示すような形でまとめます．

表3.2 攻め所選定シート

管理特性	項目		ありたい姿	現在の姿	ギャップ	攻め所の候補	目標
実現させる項目		作業人数					
	清掃準備						
	A部清掃						
	B部清掃						
	かたづけ						
	清掃作業時間						
		準備冷却時間					
		A部清掃時間					
		B部清掃時間					
		かたづけ					
	作業環境						
		作業温湿度					
		危険度					

表3.3 ギャップの定量化と攻め所候補の抽出

管理特性	項目		ありたい姿	現在の姿	ギャップ	攻め所の候補	目標
実現させる項目		作業人数	ゼロ	4人	4人	—	
	清掃準備		ゼロ	1人	1人	A, B部清掃の自動化	
	A部清掃		ゼロ	4人	4人		
	B部清掃		ゼロ	2人	2人		
	かたづけ		ゼロ	1人	1人		
	清掃作業時間		20分	60分	40分	清掃作業時間の短縮	
		準備冷却時間	5分	10分	5分	準備冷却時間の短縮	
		A部清掃時間	10分	35分	25分	A部清掃の自動化	
		B部清掃時間	5分	10分	5分	B部清掃の自動化	
		かたづけ	ゼロ	5分	5分		
	作業環境						
		作業温湿度		30℃ 80%			
		危険度	1	3	2	作業の危険度の低減	

ギャップ毎の攻め所の候補は，ギャップの大きさや自分たちグループの強みなどを考慮してあげていきます．

【ポイント5】 攻め所の候補を選定し，要件を明確にする

ありたい姿を実現させる項目の中から，ありたい姿に対し，攻め所の候補をあげ，期待効果で評価して，攻め所を**表3.4**に示すように決めます．

決めた攻め所を手段的表現に置き換え，目標値を設定します．このとき，すべての項目について取り上げる必要はありませんが，攻め所毎に目標値を明確

表3.4 攻め所の選定

項目		ありたい姿	現在の姿	ギャップ	攻め所の候補	目標	期待効果	採否
管理特性	作業人数	ゼロ	4人	4人	—	—		
実現させる項目	清掃準備	ゼロ	1人	1人	A, B部清掃の自動化	ゼロ	○	採用
	A部清掃	ゼロ	4人	4人				
	B部清掃	ゼロ	2人	2人				
	かたづけ	ゼロ	1人	1人				
	清掃作業時間	20分	60分	40分	清掃作業時間の短縮	20分		
	準備冷却時間	5分	10分	5分	準備冷却時間の短縮	5分	○	採用
	A部清掃時間	10分	35分	25分	A部清掃の自動化	10分	○	採用
	B部清掃時間	5分	10分	5分	B部清掃の自動化	5分	△	
	かたづけ	ゼロ	5分	5分		ゼロ		否
	作業環境							
	作業温湿度		30℃ 80%					
	危険度	1	3	2	作業の危険度の低減	1	○	採用

にしていきます．

【ポイント6】 努力してつぶせる目標を設定する

目標設定には，下記の3要素を必ず入れて目標を明確に表現します．

- 何を（特性）：現状レベルの確認で定義した管理特性，および攻め所で設定した目標値
- いつまでに（期限）：報告書を提出する時期
- どうする（目標値）：現在の姿＊＊→目標値＃＃（単位）

最近では，方針管理の施策展開からテーマの目標があらかじめ設定されている場合が多くなっています．このような場合でも，課題を明確化するために，現在の姿として求めたデータをよく吟味し，自分たちで問題点をもう一度見直し，管理者とすり合わせを行ってから目標の設定をします．

管理者とのすり合わせにより，目標値が自分たちのものになり，はっきりと"形"あるものとして取り上げることができるようになります．また，"やりがい感"にもつながります．

さらに，グループおよび個人の成長も加味して，テーマに対する「取り組み姿勢」も決めておきます．グループの成長の結果については，効果の確認の「無形の効果」で評価します．

【ポイント7】 目標期限はきちんと決める

表3.5に示すように,目標期限は「問題解決活動報告書」(テーマ完了報告書)を提出する期限とします.

報告書は,書かれなかったり,書かれても後回しにされたりする場合があります.しかし,次のテーマを効果的に進めるためにも,グループがさらに成長するためにも報告書は重要です.報告書にまとめることで,課題を解決する活動を通して得られた貴重な技術内容が,固有技術として蓄積されることになります.したがって,テーマの活動計画を立案するときの完了目標期限は,必ずテーマが終了して「問題解決活動報告書」を提出するまでとします.

【ポイント8】 目標を設定したら,必ず管理者とすり合わせる

目標を設定したら,必ず管理者とすり合わせを行います.

表3.5 活動計画

	手順	4月	5月	6月	7月	8月
1	テーマの選定	■				
2	攻め所と目標の設定	■	■			
3	方策の立案		■			
4	成功シナリオの追究		■	■		
5	成功シナリオの実施			■		
6	効果の確認				■	
7	標準化と管理の定着				■	
8	報告書作成					■

> **事　例**

2. 攻め所と目標の設定

（1） スクラッチ（ひっかき傷）故障とは

　カラーフィルムを使用して写真を撮影する際に，カメラ内にゴミなどが混入すると，そのゴミが原因となり感光（光を感知して画像を形成する）層表面をひっかいて，傷をつけることがあります．その傷は，カラーフィルム現像後にプリントすると，プリント面に細い線となって現れ，せっかくの写真をだいなしにします．この現象をスクラッチ（ひっかき傷）故障といいます．また，スクラッチ故障評価とは，ゴミなどに起因するカラーフィルム表面のひっかき耐性を評価することです．

（2） スクラッチ故障評価の作業手順

　評価対象がカラーフィルムであるため，試料準備および作業を実施する場所は，ほとんどが光を遮断した部屋（暗室）内で行います．その作業フローは，**図2**のとおりです．

（3） スクラッチ故障評価時間の定義（管理特性）

　図2に示すように，カラーフィルムを試料サイズに切断する（①）ところから濃度測定を終了してデータをまとめる（⑤）までの合計時間を「スクラッチ故障評価時間」と定義しました．

（4） スクラッチ故障評価に要する評価時間の個人差の調査

　スクラッチ故障評価は，製品別に担当者が決まっています．そこで，スクラッチ故障評価に要する時間を，A・B担当者別に調査した結果を，**図3**に示します．

（5） スクラッチ故障評価の作業別評価時間の内訳

　次に，スクラッチ故障評価における作業別の所要時間を調査した結果をパレート図（**図4**）にまとめました．

（6） ギャップと攻め所

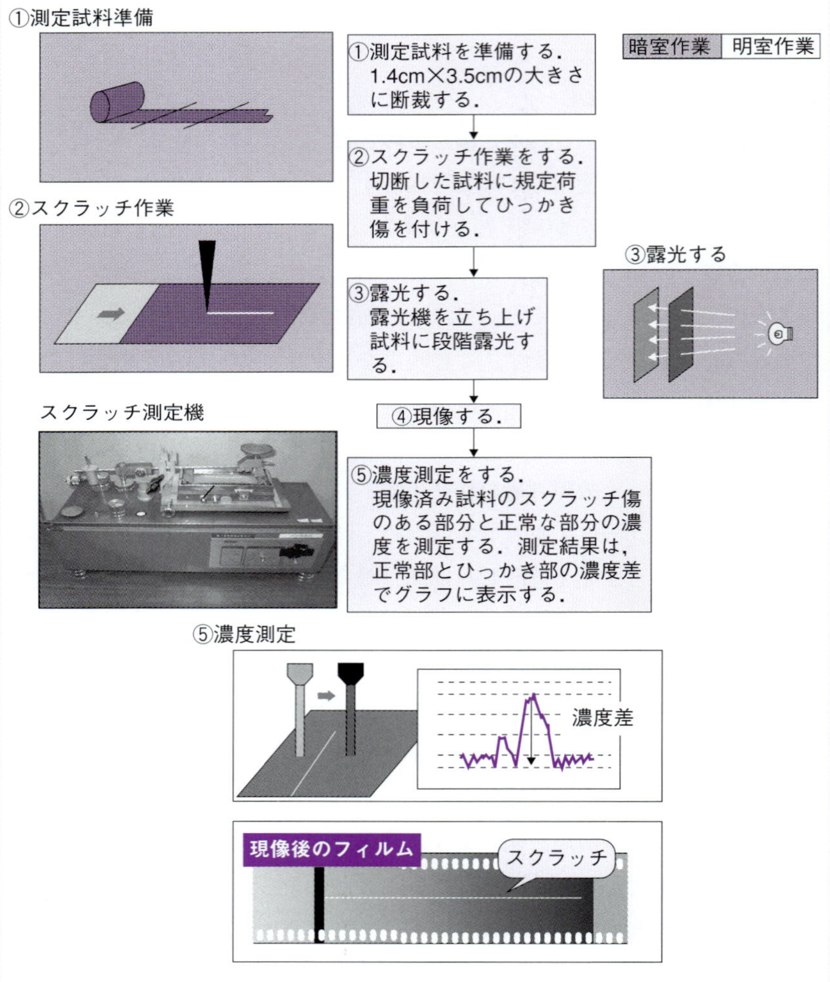

① 測定試料準備

② スクラッチ作業

スクラッチ測定機

⑤ 濃度測定

| 暗室作業 | 明室作業 |

① 測定試料を準備する．1.4cm×3.5cmの大きさに断裁する．

② スクラッチ作業をする．切断した試料に規定荷重を負荷してひっかき傷を付ける．

③ 露光する．露光機を立ち上げ試料に段階露光する．

③ 露光する

④ 現像する．

⑤ 濃度測定をする．現像済み試料のスクラッチ傷のある部分と正常な部分の濃度を測定する．測定結果は，正常部とひっかき部の濃度差でグラフに表示する．

濃度差

現像後のフィルム　スクラッチ

図2　スクラッチ故障の評価作業手順

　テーマ名を「スクラッチ故障評価における評価時間の短縮」として，現在の姿でわかったことをもとに，**表1**の攻め所選定シートにまとめました．ギャップを把握して，いくつかの方策案を出し合い，攻め所の候補を技

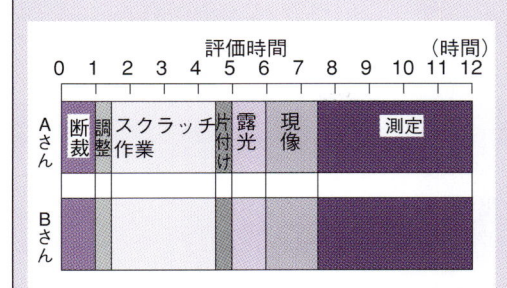

図3 個人別のスクラッチ故障評価作業時間

わかったこと
① 評価時間には，個人差がなく12時間かかる．
② 作業項目別にも個人差はない．

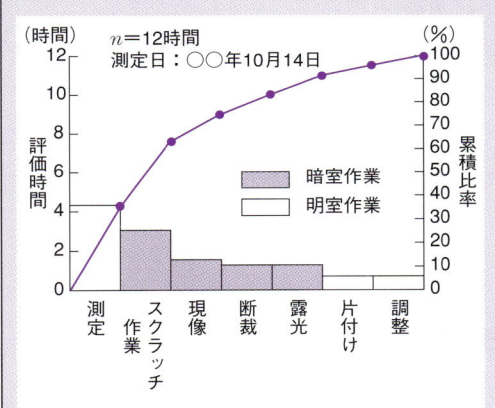

図4 スクラッチ故障評価での作業別時間のパレート図

わかったこと
① スクラッチ故障の測定に4.5時間かかり，全体の40％を占める．
② 試料準備の断裁とスクラッチ作業で4時間かかっている．
③ 暗室での作業は，全評価時間の50％を占めている．

課題達成 手順2 攻め所と目標の設定

表1 スクラッチ故障評価における攻め所選定シート

項目		ありたい姿	現在の姿	ギャップ	攻め所（候補）	期待効果	採否
管理特性	スクラッチ故障評価時間	7時間以下	12時間	5時間以上			
実現させる項目	スクラッチ作業時間	0.5時間	3時間	2.5時間	明室型スクラッチ測定器の開発	大	採用
					ステージ移動の高速化	小	不採用
	試料の準備時間	なし	1.0時間	1.0時間	製品形態での評価	大	採用
	現像作業時間	0.5時間	1.5時間	1.0時間	明室型の自動現像機を使用	大	採用
	スクラッチ測定器の搬入・搬出作業時間	なし	0.5時間	0.5時間	スクラッチ測定器を固定	小	不採用
					軽量型スクラッチ測定器の開発	大	採用

術的な観点からも考慮して，下記の4点に絞りました．
① スクラッチ作業時間の短縮
② 試料準備時間の短縮
③ 現像時間の短縮
④ スクラッチ測定器の軽量化

(7) 目標の設定

グループで会合を重ねて，下記に示す内容で実施することとし，管理者に進め方について承認を得ました．活動計画表を，**表2**に示します．

- 何を：スクラッチ故障評価における評価作業時間を
- いつまでに：△△年4月までに
- どうする：評価時間12時間→7時間以下

表2 活動計画表

	手順	10月	11月	12月	1月	2月	3月	4月
1	テーマの選定	■						
2	攻め所と目標の設定	■						
3	方策の立案		■					
4	成功シナリオの追究			■				
5	成功シナリオの実施				■			
6	効果の確認					■		
7	標準化と管理の定着						■	
8	報告書作成							■

指導者・支援者の関わり方

（1） 管理特性が明確になっているか確認する

　本当にやりたい内容が，管理特性で表現されてるかどうか確認します．また，管理特性のカウントの仕方が決まっているかも確認します．管理特性が不明確であると，攻め所候補の選定やその効果の確認で不必要なことをしてしま

う場合があるので，注意が必要です．

(2) 攻め所候補のとらえ方は適切か確認する

　現在の姿とありたい姿を把握し，ギャップが定量的に表現されているかどうかチェックします．

　さらに，ギャップの大きさを十分に認識し，攻め所の候補を的確にとらえているかも確認します．

(3) 目標値達成レベルと時期は，上位方針と合致しているか確認する

　グループの実力より高い挑戦的な目標になっていることを確認し，同時に目標値が数値化され上位方針に合致していることを確認します．

(4) 調査した結果は，グラフにしているか確認する

　表や文章だけでは，課題を解決する対象の特徴はなかなかつかみにくいものです．時系列グラフ，パレート図，ヒストグラム，散布図など，目的に応じて有効なQC七つ道具を活用するように指導します．

(5) 適切な型を選択しているか確認する

　攻め所の候補が十分につかめていないようであれば，問題解決型で要因の掘り下げを実施するように指導します．

手順3　方策の立案

　この手順は，課題達成型で問題を解決する中で最も重要な部分です．
　手順2で選定した攻め所に焦点を当て，目標達成可能と思われる方策案（アイデア）をできるだけ多く出すことが大切です．アイデアが多いほど，解決できる可能性が高くなります．そして，出されたアイデアの効果を予測して，その中から実現性にとらわれずに，期待効果のみで評価して，有効な方策案をいくつか選び出していきます．

実施の手順

（1）　攻め所に焦点を当て，目標達成可能と思われる方策案（アイデア）をたくさん出します．
（2）　出された方策案のそれぞれについて効果を予測します．
（3）　実現性にとらわれずに，期待効果についてのみ評価し，有効な方策をいくつか選定します．ここで大切なのは，創造性の発揮と同時にしっかりとした固有技術の裏付けによって，有効な方策案を立案することです．

ポイント

【ポイント1】　できるだけ多くの方策案（アイデア）を出す

　選定した攻め所の候補に対して，メンバーが集まり，従来の習慣や方法にとらわれず，自由奔放に発想を展開してアイデアを出し合います．また，違った観点からのアイデアも重要です．したがって，関連部署のメンバーからも，広くアイデアを出してもらうことは非常に効果的です．
　メンバーでアイデアを出し合うときに有効な手法としては，**表3.6**に示すブレーン・ストーミング法や，その他のアイデア発想法があります．ここでは，その一例をあげてあります．個々の手法の特徴を理解したうえで，有効な手法を選択してアイデア発想を実行します．

表 3.6 アイデア発想法

発想法	簡単な手法内容	発想方法
チェックリスト法	準備したチェックリストの着眼点をヒントにアイデアを出していく．	チェックリスト例 ● ほかに使い途はないか ● 似たものはないか ● 変えたらどうか ● 入れ替えたら
希望点列挙法	希望，理想，夢などからアイデアを誘い出していく．	現状を大きく打破するアイデアが得られる． ● こうであればいいな ● こういうのが欲しいな
ブレーン・ストーミング法	アイデア発想法の基本で，着想のアイデアをたくさん得るのに適している．	4つの基本ルール ● 批判禁止 ● 質より量 ● 自由奔放 ● 結合便乗
NM法	思いつきのアイデアから具体案レベルのアイデアを誘い出す．	テーマからキーワードを連想し，そのキーワードから発想を得て具体案を練り上げていく．

【ポイント2】 方策は期待効果のみで選定する

　出された方策案は，**図 3.3** に示すようにまとめ，現在の姿のデータを活用して，期待効果を数値表現（予測）し，評価・選定していきます．選定のときは，単に総合点だけで決めるのではなく，目標達成のために必要な効果で評価していきます．

　したがって，期待効果は可能な限り細分化し，具体的に数値表現して予測します．また，マイナス要因が期待効果にある場合でも，致命的でない限りアイデアとして残し，ほかの大きな効果に期待して，その方策案を選定します．

　ただし，期待効果を細分化した項目の中には，アイデアの実現性は含めません．

　また，方策案は必ずしも系統図にしなくてもよいですが，**図 3.3** のような形

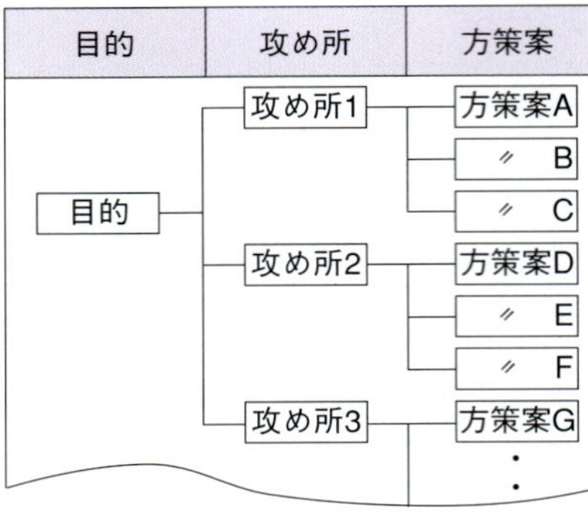

目的	攻め所	方策案	期待効果			選定順位	採用可否
			作業人数	時間短縮	作業危険度		
目的	攻め所1	方策案A	3	3	3	④	
		〃 B	4	5	3	②	○
		〃 C	5	5	4	①	○
	攻め所2	方策案D	3	2	1	⑥	
		〃 E	4	4	3	③	○
		〃 F	2	1	3	⑥	
	攻め所3	方策案G	3	3	1	⑤	

図3.3 期待効果の評価

で系統立てて整理しておくと，わかりやすく，さらにアイデアが膨らんでくる可能性があります．

事　例

3．方策の立案

　攻め所の候補について，メンバー全員でブレーン・ストーミングを実施し，方策案を抽出しました．その結果を，表3に示します．

　表3の評価結果に基づき，スクラッチ故障評価時間を5時間短縮する方策案を下記の2点に絞り込みました．

① 　カメラ内でスクラッチをかける（製品が使用でき，試料の準備時間1.0時間と現像作業1.0時間，およびスクラッチ測定器の搬入・搬出作業時間0.5時間，計2.5時間の短縮も期待できる）．

② 　ミニラボ現像処理機を使用する．

以上の，2点の方策案を採用し，次の手順に進みました．

表3 スクラッチ故障評価作業時間短縮の期待効果評価表

攻め所（着眼点）	方策案	期待効果 短縮時間	期待効果 コスト	評価点	採否
スクラッチ作業時間	カメラ内でスクラッチをかける．	2.5 (H)	○	5	採用
	巻き取り方式でスクラッチをかける．	1.5 (H)	△	3	×
試料の準備時間	製品を使用する．	1.0 (H)	○	3	×
	専用のサンプリング機を作成する．	0.5 (H)	△	2	×
	スクラッチ測定器のステージを製品長にあわせる．	1.0 (H)	×	2	×
現像作業時間	既存のミニラボ現像処理機を使用する．	1.0 (H)	○	5	採用
	専用の自動現像機を作成する．	1.0 (H)	×	1	×
	シネマタイプの自動現像機を使用する．	-1.0 (H)	○	2	×
スクラッチ測定器の搬入・搬出作業時間	軽量化スクラッチ測定器を作成する．	0.5 (H)	△	3	×

課題達成型 手順3 方策の立案

指導者・支援者の関わり方

（1） 攻め所の候補として，目標達成可能な方策案（アイデア）がたくさん出ているか確認する

　方策案が多く出ていなければ，ほかの有効なアイデア発想法を活用することを指導します．グループのメンバーが知らないほかのアイデア発想法を教えることも指導者・支援者の役割です．

（2） 方策案の選定は期待効果で評価し，実現性にとらわれていないことを確認する

　実現性にとらわれていると，現状打破はできません．あくまでも期待効果のみで評価して方策案を選定することにより目標達成を目指します．

手順4　成功シナリオの追究

　この手順では，絞り込んだ効果の高いと思われる方策案について，実現させる具体的な方法を検討し，その期待効果を予測します．次に，実施するうえでの問題や障害を，取り除く手段を検討します．これらのことを行ったあと，総合的に利害得失を評価します．そして，総合評価したあとで，成功にいたるシナリオを高い順に選定します．

　この手順は，課題達成型の中で，方策の立案と同じく重要な手順です．こだわりを持って方策案の実現（成功シナリオの追究）に注力していきます．

実施の手順

（1）　選定した方策案を実現させる具体的な方法（成功シナリオ）を検討します．
（2）　成功シナリオの期待効果を予測します．
（3）　成功シナリオを実施することによる障害の予測と，事前防止策を検討します．
（4）　総合的に利害得失を評価して成功シナリオを選定します．

ポイント

【ポイント1】　成功シナリオとは効果の高い方策案の実行案である

　選定した方策案について，実現性や懸念される点などの障害を洗い出します．利害得失を文章化してまとめておくのも良い方法です．

　洗い出された障害への対応策を加え，**図3.4**に示すように，系統図などを用いて方策案を実現させるための具体的な実行案を展開していきます．

　展開された具体的実行案を，「攻め所と目標の設定」で設定した攻め所候補の目標値をもとに，総合効果で評価し，目標達成の可能性を確認します．確認

を行った結果，可能性の高いものを成功シナリオとして決定します．

可能性が不十分な場合は，方策の立案に戻り，追加または修正案をさらに検討します．

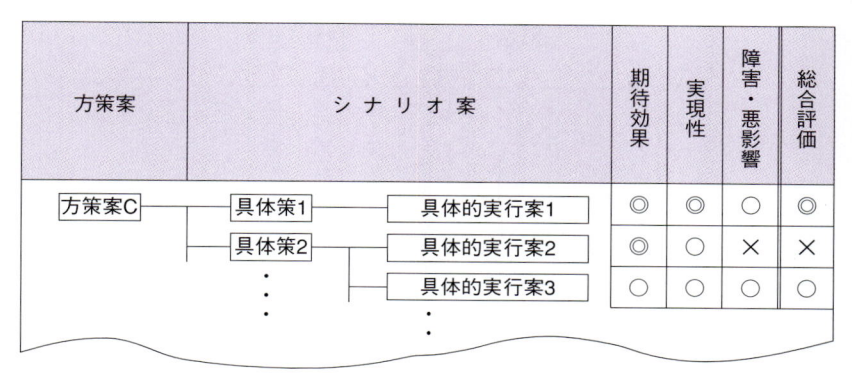

方策案	シナリオ案		期待効果	実現性	障害・悪影響	総合評価
方策案C	具体策1	具体的実行案1	◎	◎	○	◎
	具体策2	具体的実行案2	◎	○	×	×
	⋮	具体的実行案3	○	○	○	○

図3.4 成功シナリオの追究と決定

事例

4. 成功シナリオの追究

　表3で採用した2項目の方策案について，実現させる具体策の検討を行い，期待効果について予測をしました．その結果を，**図5**に示します．ただし，採用した2項目のうち，カメラを使用すればミニラボ現像処理も可能となるため，カメラ内でスクラッチすることを具体的な実行案として実施することにしました．

　具体的実行案については，障害性・ほかへの悪影響を事前予測し，その防止策を検討しました（**表4**）．そして，前提条件に対する問題の有無を確認して，総合的に採用の可否を評価しました．

　その結果，カメラ内にスクラッチ針を仕込み，自重落下方式でフィルム表面をひっかく方式を採用することにしました．

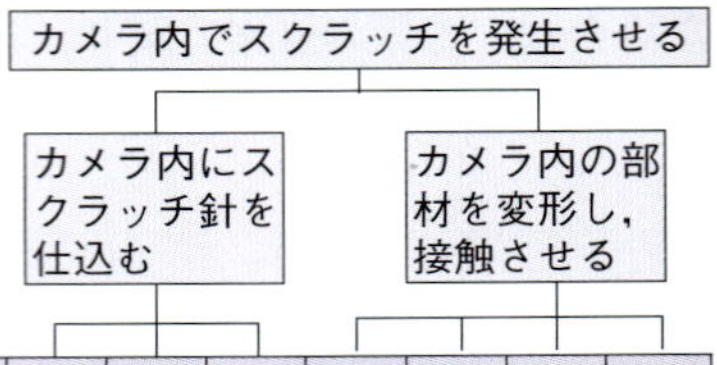
カメラ内でスクラッチを発生させる
カメラ内にスクラッチ針を仕込む
カメラ内の部材を変形し，接触させる

実行案	自重落下式でひっかく	固定式でひっかく	バネ式荷重でひっかく	枠を隆起させる	成形不良品を入手する	枠に突起物を付ける	クレーム品を入手する
期待効果	5時間	3時間	5時間	3時間	入手不可	3時間	入手不可
荷重変化	○	×	○	×	×	×	×
精　度	○	△	△	△	△	△	×
メンテ性	○	○	○	△	△	△	△
市場再現	×	×	×	△	△	△	○
コスト	○	○	△	△	△	△	×
困難度	○	○	△	△	△	△	×
採　否	採	否	否	否	否	否	否

図５　スクラッチ故障評価作業時間短縮の成功シナリオの選定

表4　障害および前提条件の検討表

実行案	障害・悪影響	処置	前提条件	採否
自重落下式でひっかく	市場クレームを再現していない場合がある．	荷重を変更する		採
固定式でひっかく	荷重が変更できず，ばらつきがあり精度がでない	なし	特定の評価内の相対評価	否
バネ式荷重でひっかく	市場クレームが再現せず，バネによるばらつきが発生する	バネ定数を毎回測定し，補正する		否
枠を隆起させる	荷重が変更できず，ばらつきがあり，一定条件での評価ができない	なし		否
成形不良品を入手する	荷重が変更できず，ばらつきがあり，一定条件での評価ができない	なし		否
枠に突起物を付ける	荷重が変更できず，ばらつきがあり，一定条件での評価ができない	なし		否
クレーム品を入手する	市場クレームに近いが，精度が悪く，コストもかかる	なし		否

> **指導者・支援者の関わり方**

（1） 効果が高いと考えられる方策案（アイデア）を実現させるシナリオが，具体的に表現されていることを確認する

　シナリオが具体的に表現され，実施するうえでの障害項目や事前防止策の検討が，十分行われているか確認します．不十分な場合は，PDPC法やFMEAなどを使って障害項目を予測するように指導します．

（2） シナリオの期待効果が，定量的に予測されていることを確認する

効果が定量的に予測されていないと，有効か否かの判断ができません．必ず定量化されていることを確認します．

手順5 | 成功シナリオの実施

選定した成功シナリオを実施に移行するための実行計画を作成し，計画手順に従って粘り強く着実に実施する手順です．

実施の手順

（1） 成功シナリオを実施するための実行計画を立て，計画にそって実行します．
（2） 成功シナリオ毎に，効果および問題点を具体的に把握します．
（3） 成功シナリオを実施したことにより，ほかで障害・問題が生じたときは，その手当を行います．

ポイント

【ポイント1】 対策（成功シナリオ）は具体的に表現する

誰が見てもわかるように，実施した内容はできるだけ図表や絵などを用いて，対策前後がはっきりわかるようにまとめます．

【ポイント2】 対策の効果は，まず攻め所の候補毎に確認する

「攻め所と目標の設定」で，"攻め所の候補"毎に設定した目標値（**表3.4参照**）に対して，成功シナリオを実施した対策の効果を確認します（**表3.7**）．

表3.7 攻め所に対する効果

攻め所（候補）	対策	現状	目標	効果
作業人数 A，B部清掃の自動化	1．A，B部の自動清掃機の設置	4人	ゼロ	3人減
	2．A，B部の半自動清掃機の設置			1人減
準備冷却時間の短縮	1．タイマーで自動冷却を実施	10分	5分	3分減
	2．手動で遠隔操作により冷却を実施			1分減
A部清掃の自動化	1．自動清掃機の稼動を遠隔操作	35分	10分	25分減
	2．自動清掃機の脱着は手動で実施			10分減
作業の危険度	1．高温下での作業時間短縮	3	1	2ポイントアップ

事　例

5．成功シナリオの実施

　成功シナリオの追究で選定した内容に基づき，カメラ内にスクラッチ針を仕込み，自重でカラーフィルムにひっかき傷が付けられるように，**図6**のような装置を試作しました．さらに，荷重変更も可能なように工夫しました．

　図6のように，カラーフィルムが自動給送され，しかも大きなスペースがあるタイプのカメラを選択しました．そして，カメラ内のスペースに，金属製の筒状ガイドを固定しました．

　荷重変化は，針の周りにハンダを巻き付け，巻き付けた量で荷重を調整することにしました．

（1）**試作カメラの断面図および操作手順**

　カメラの改造内容をイメージ図

図6　カメラの改造内容

課題達成型　手順5　成功シナリオの実施

を用いて，以下に操作手順と同時に図解します．

① 針を搭載する．

図7に示すように，ハンダを巻き付け，所定の荷重を付加した針をカメラ内に仕込んだ金属の筒の中に入れる．針を仕込むときは，針の先端が，背板の方に向くようにする．

その後，スクラッチ故障評価を行うカラーフィルムをカメラに装填する．

② カラーフィルムを装填して，レンズ面を下にして給送する（**図8**）．

③ レンズ面を上にして，針をカラーフィルムに接触させてから巻き戻しボタンを押す．

その結果，カラーフィルムが搬送され，強制的に傷が付く（**図9**）．

（2） 荷重変化の概念図

カメラ内に装填する針への荷重は，**図10**に示すように，針本体の回りにハンダを巻き付けて，所定の負荷が針先端にかかるようにしました．

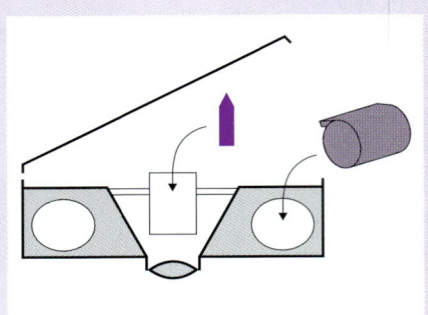

図7 針の装填

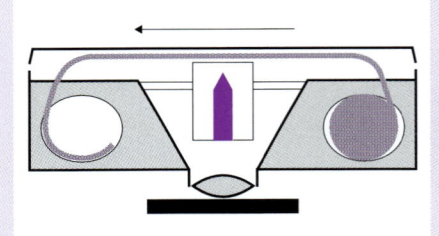

図8 フィルムの給送

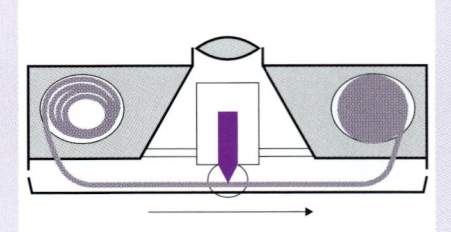

図9 フィルムの巻き戻し

図10　荷重変更のイメージ図

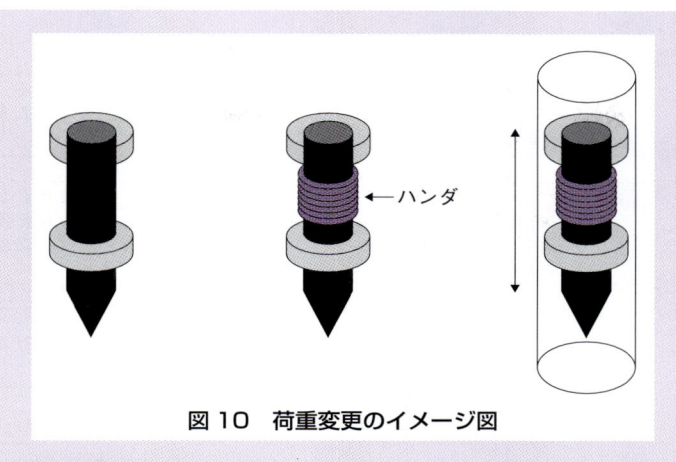

（3）　変更後の評価作業内容

新評価法と旧評価法の作業内容の違いを，**図11**に示します．

カラーフィルムの切断作業がなくなり，スクラッチ作業もカメラ内で実施することができ，評価時間が短縮できます．また，暗室作業も大幅に削減できます．

（4）　新評価方法の精度および再現性の確認

① 　新旧評価法の発生濃度の比較

新評価法に変更した場合に，スクラッチ傷による発生濃度差が悪化しないことが重要です．そのために，同一の針を用いて同じ荷重をかけ，カラーフィルムをひっかいて，新旧評価法で発生濃度差に差がないことを確認しました．

測定した結果を，**図12**に示します．新旧評価方法について母平均と母分散について違いがないかどうかについて検定しました．

〈母平均の差の検定〉

H_0：$\mu_{新} = \mu_{旧}$　$\alpha = 0.01$（有意水準を1%とする）

H_1：$\mu_{新} \neq \mu_{旧}$

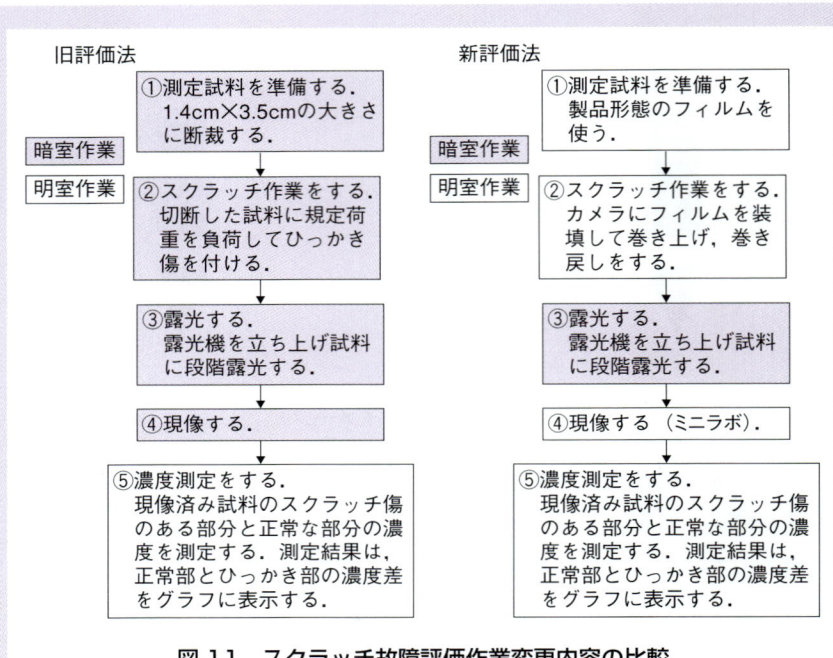

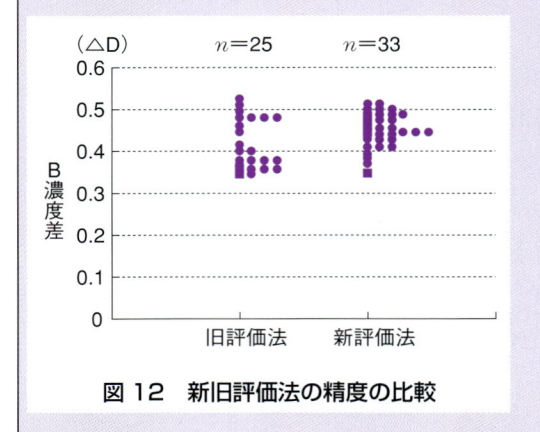

```
旧評価法                                    新評価法

          ①測定試料を準備する．                    ①測定試料を準備する．
          1.4cm×3.5cmの大きさ                   製品形態のフィルムを
          に断裁する．                          使う．
暗室作業
明室作業    ②スクラッチ作業をする．           暗室作業  ②スクラッチ作業をする．
          切断した試料に規定荷             明室作業    カメラにフィルムを装
          重を負荷してひっかき                      填して巻き上げ，巻き
          傷を付ける．                          戻しをする．

          ③露光する．                          ③露光する．
          露光機を立ち上げ試料                     露光機を立ち上げ試料
          に段階露光する．                        に段階露光する．

          ④現像する．                          ④現像する（ミニラボ）．

          ⑤濃度測定をする．                       ⑤濃度測定をする．
          現像済み試料のスクラッチ傷                 現像済み試料のスクラッチ傷
          のある部分と正常な部分の濃                 のある部分と正常な部分の濃
          度を測定する．測定結果は，                 度を測定する．測定結果は，
          正常部とひっかき部の濃度差                 正常部とひっかき部の濃度差
          をグラフに表示する．                     をグラフに表示する．
```

図 11　スクラッチ故障評価作業変更内容の比較

	新評価法	旧評価法
平均値	0.4559	0.4224
標準偏差	0.0425	0.0600

図 12　新旧評価法の精度の比較

$$t_0 = \frac{\bar{x}_{新} - \bar{x}_{旧}}{\sqrt{\left(\frac{1}{n_{新}} + \frac{1}{n_{旧}}\right)V}} = \frac{0.4559 - 0.4224}{\sqrt{\left(\frac{1}{33} + \frac{1}{25}\right) \times 0.002575}} = 2.490$$

$|t_0| = 2.490 < t(56, 0.01) = 2.667$

〈母分散の比の検定〉

$H_0 : \sigma^2_{新} = \sigma^2_{旧}$　$\alpha = 0.01$（有意水準を1%とする）

$H_1 : \sigma^2_{新} \neq \sigma^2_{旧}$

$F_0 = \frac{V_{旧}}{V_{新}} = \frac{0.0600^2}{0.0425^2} = 1.982$

$F_0 = 1.982 < F(24, 32 ; 0.005) = 2.670$

結果は，いずれも有意水準1%で有意差なしとなり，評価法に差のないことが確認できました．

② カメラの給送速度による安定性の確認

正常電圧を発生する新品電池とカメラのモーターが作動しなくなる寸前まで電圧が低下した消耗電池を使用した場合とで，スクラッチ傷による発生濃度差に変化が生じるかどうか確認をしました．

測定した結果を，**図13**に示します．①と同様に，評価方法の測定結果の母平均と母分散について検定を実施しました．

〈母平均の差の検定〉

$H_0 : \mu_{新} = \mu_{消}$　　$H_1 : \mu_{新} \neq \mu_{消}$

$$t_0 = \frac{\bar{x}_{新} - \bar{x}_{消}}{\sqrt{\left(\frac{1}{n_{新}} + \frac{1}{n_{消}}\right)V}} = \frac{0.070 - 0.067}{\sqrt{\left(\frac{1}{10} + \frac{1}{10}\right) \times 0.894 \times 10^{-4}}} = 0.709$$

$|t_0| = 0.709 < t(18, 0.01) = 2.878$

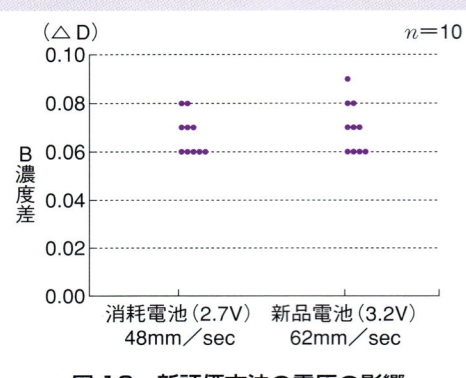

	消耗電池	新品電池
平均値	0.067	0.070
標準偏差	0.00823	0.0105

図13 新評価方法の電圧の影響

〈母分散の比の検定〉

$H_0 : \sigma^2_{新} = \sigma^2_{消}$ $H_1 : \sigma^2_{新} \neq \sigma^2_{消}$

$$F_0 = \frac{V_{新}}{V_{消}} = \frac{0.0105^2}{0.00823^2} = 1.628$$

$F_0 = 1.628 < F(9, 9 ; 0.005) = 6.541$

その結果，共に有意水準1％で有意差なしとなり，消耗電池と新品電池との間に差がないことが確認できました．

③　測定者，測定日を変えた場合の安定性を確認

測定者と測定日を変えて，新評価法で10回，旧評価法で5回テストを行い，スクラッチによる発生濃度差の違いについて調査しました．

図14に示すとおり，新評価法は，旧評価法より再現性の点で大幅に向上していることが確認できました．

以上の結果から，カメラ内に針を装填して，自重加重でカラーフィルム表面にスクラッチ傷を発生させる新評価法は，再現性がよく，かつ安定して評価できることがわかりました．

図14 新評価方法の再現性

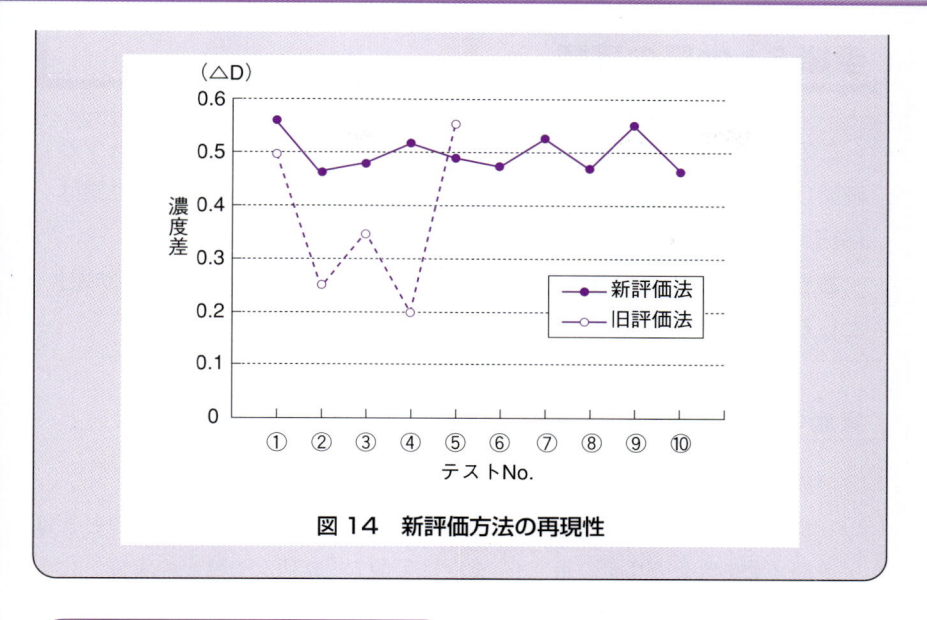

指導者・支援者の関わり方

(1) 成功シナリオを確実に実施する具体的な計画であることを確認する

　成功シナリオの実施案の日程や役割分担が明確になっていることを確認します．問題がなければ，計画案を承認します．計画どおりに進捗しているかどうかを確認することも大切です．

(2) 攻め所の候補毎に設定した目標値に対し，対策内容とその効果がつかめているか確認する

　成功シナリオの実施案毎に，実施した対策内容とその効果がつかめているかを確認します．この段階で，取り組んだテーマの目標が達成できる可能性がある程度つかめていないといけません．

手順6　効果の確認

　この手順では，実施した成功シナリオの結果を，特性に対するデータで確認して，対策の有効性をその達成度で判定します．そして，その効果は「有形の効果」として，グラフで確認します．
　さらに，グループや個人の成長目標に対する達成度も，「無形の効果」として確認します．

実施の手順

（1）　成功シナリオの内容毎に効果をデータで把握します．
（2）　現在の姿と比較し，達成度を把握します（有形の効果）．未達のときは手順4「成功シナリオの追究」，または手順5「成功シナリオの実施」にもどり，ねばり強く実施します．
（3）　成功シナリオの実施に要した費用や，マイナスの効果などの悪影響や波及効果も把握します．有形の効果は，できるだけ金額換算します．
（4）　効果は，「有形の効果」だけでなく，活動を通じてグループや個人がどのように成長したかを自己評価をして確認します（無形の効果）．また，ねらった効果以外の副次効果についても把握します．

ポイント

【ポイント1】　効果の確認は攻め所と目標を設定したグラフで行う

　効果の確認では，「攻め所と目標の設定」で表示した現在の姿を示したグラフに対策後のデータを付け加えます（**図3.5**）．グラフの中に対策前のレベルや目標，対策後の結果を記入します．これにより，目標の達成状況が一目瞭然となります．
　データは時系列で表し，まとめすぎたり省略することは禁物です．
　また，対策後のデータどりは，周期性やばらつきを考慮して，十分な確認期

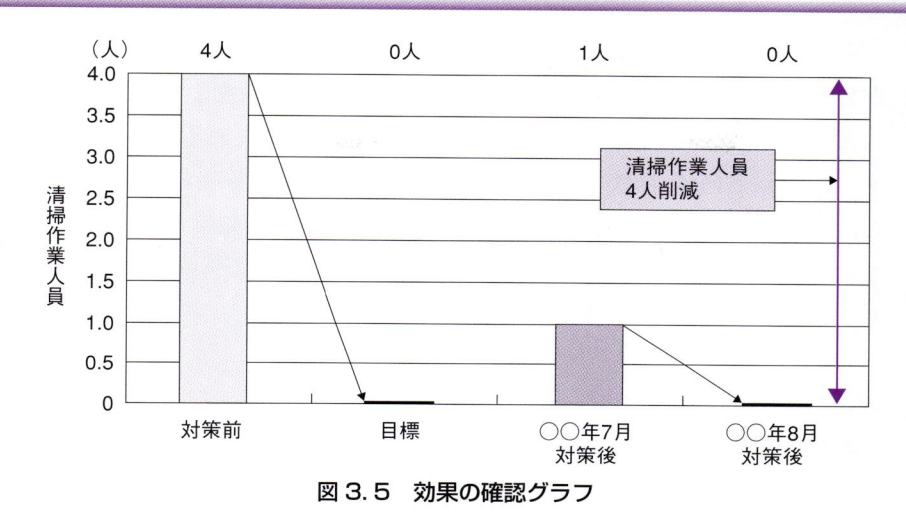

```
(人)                4人         0人          1人          0人
4.0 ┬──────┬
3.5 │      │
3.0 │      │              ┌─────────────┐
2.5 │      │              │ 清掃作業人員 │
2.0 │      │              │   4人削減   │
1.5 │      │              └─────────────┘
1.0 │      │                        ┌──┐
0.5 │      │                        │  │
0   └──────┴──────────────┴──────────┴──┴──────
      対策前        目標      ○○年7月    ○○年8月
                              対策後      対策後
```

図3.5 効果の確認グラフ

間をとることが必要です．もし，対策の効果が明確でない場合は，統計的な手法による「母平均の差の検定」や「母分散の比の検定」を実施したり，あるいは確認データを増やしたりします．

【ポイント2】 効果は対策毎に分けて調べる

複数の対策を実施したときは，必ず対策毎に効果を分けます．

対策毎に有効性を確認するのは，「無駄な対策をとり，後の問題解決の足かせとなる」ことを防ぐためです．

ただし，攻め所の候補に対する効果が明確になっていれば，改めてまとめる必要はありません．

【ポイント3】 ほかへの影響を十分確認する

1つの対策で，複数の効果が現れることは少なくありません．

副次効果の中で，良い効果は「そのほかの効果，または波及効果」としてまとめますが，成功シナリオ追究時に懸念される点としてあげた項目については，「ほかへの影響」として問題のないことを具体的に確認します．

成功シナリオを実施するに当たり，設備投資や業務移管または新規作業などが発生した場合は，「ほかへの影響」としてその金額や工数をまとめます．
　また，課題を解決したことによる成果を，金額で求めておくことも大切です．これは，自分たちが一所懸命に行った解決の成果を，管理者にPRすることになります．そして，自分たちの"やりがい感"や"達成感"にもつながります．特に，方針管理と連携しているテーマの場合は，その貢献度を明確にすることにもなり，大きなPRになります．

【ポイント4】　無形の効果も把握する

　無形の効果とは，あくまでもグループ（個人）の成長への貢献を示すもので，手法の習得やコミュニケーションの向上，技術力の向上などのことです．できるだけテーマ毎にサブ目標として「成長の目標」を設定し，レーダーチャート（後述の図17参照）で効果を確認します．
　「作業が楽になった」などのような定量化（数値化）しにくい効果を無形の効果としてまとめている例を見かけますが，このような場合でもできるだけ数値化して（たとえば，重量物の移動距離，高温多湿下での作業時間など），有形の効果として把握すべきです．

事　例

6．効果の確認

　成功シナリオを実施したカメラを使用して，スクラッチ故障評価時間に対する効果の確認を行いました．その結果を，有形の効果，ほかへの影響，無形の効果に着目してまとめました．

（1）有形の効果
① スクラッチ故障評価時間の効果
対策実施前後の評価時間を比較しました（**図15**）．新評価法に変更した

図15 スクラッチ故障評価作業時間の効果

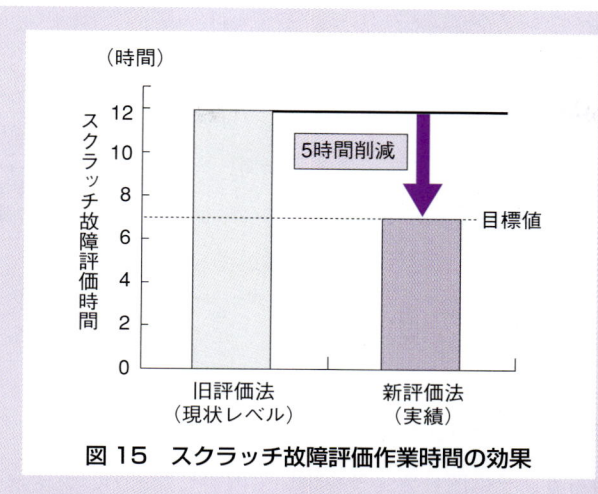

ことにより,評価に必要な時間は,1回当たり7時間となり,目標を達成することができました.

② 新評価法によるスクラッチ故障評価作業の内訳

新評価法により,断裁時間が不要となり,スクラッチ作業も1.5時間で終了できるようになりました.また,評価時間の内,暗室作業時間は図16に示すように,露光の0.5時間のみで,旧評価法の6.5時間に比較して6時間も大幅に削減できました.暗室作業時間が削減された結果,作業者の安全性も大幅に向上しました.

③ 効果金額

スクラッチ故障評価作業時間を短縮したことによる年間の予想効果を金額換算すると,下記の金額になります.

$(12-7)$ (時間／回) $\times 3,000$ (円／時間) $\times 4$ (回／月) $\times 12$ (月／年) $= 720,000$ (円／年)

④ その他の効果

カメラを使用した評価法に変更したことで,評価方法も簡便で,市場クレームに近い形で評価できるようになりました.

(2) ほかへの影響

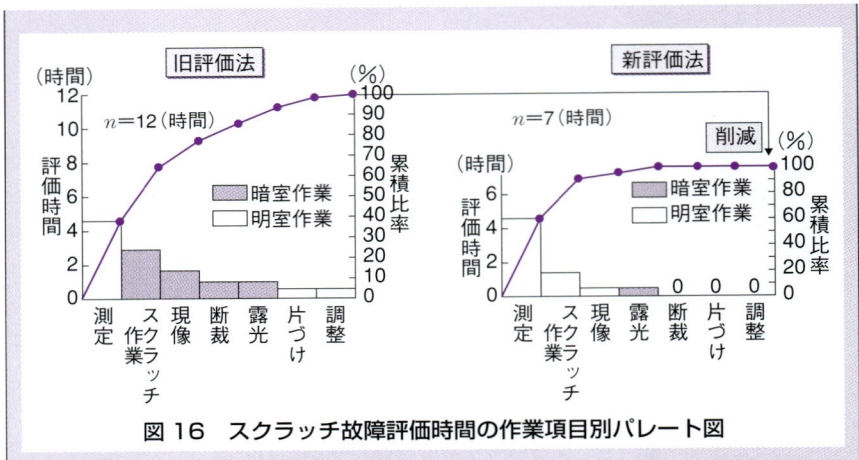

図16 スクラッチ故障評価時間の作業項目別パレート図

評価試験用カメラは既存カメラを用いて内製したため，カメラ改造のための費用はかかっていない．

(3) 無形の効果
① 図17からわかるように，各自の課題を共有化することができ，全員で目標を達成するための協力体制ができました．
② 評価作業に関して多能工化が実現でき，ほかの作業に関する理解度も深まりました．

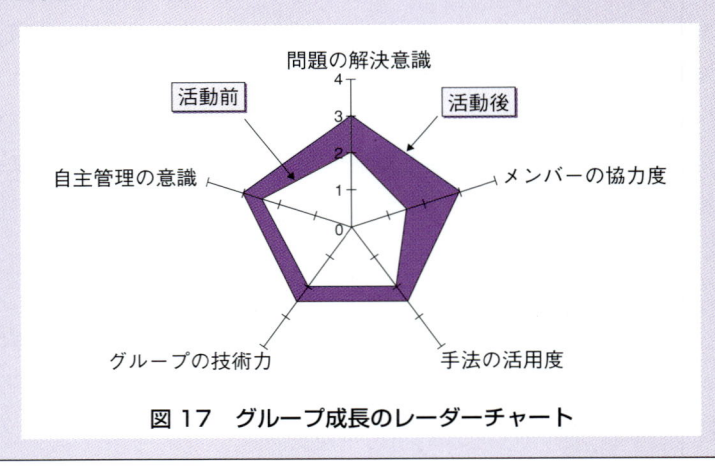

図17 グループ成長のレーダーチャート

指導者・支援者の関わり方

（1） 管理特性で対策の効果を確認していることをチェックする

　効果は，成功シナリオ毎に把握し，管理特性で対策の効果が確認されていることを確認します．

　現状レベルで使用したグラフに，対策後の実績が追加されていることを確認します．

（2） 効果金額を求めていることを確認する

　課題を解決した成果が，目に見える形になっているか確認します．成果をたとえば効果金額で表すことで，会社への貢献度が明確になります．したがって，効果金額の求め方を指導することも必要です．

（3） グループの成長や個人の成長などを正確に評価し，把握していることを確認する

　活動を通してグループ・個人の能力が伸びるよう指導・支援することが管理者として最も大切なことです．

　今後のグループの目標・個人の目標が見えるようにするために，この課題を解決した活動を通して「良かった点」，「不足する点」をメンバーと話し合うことも必要です．

手順7　標準化と管理の定着

　成功シナリオの実施効果が，元に戻らないようにします．すなわち，実施した効果が継続的に得られるように，維持・管理する方法を検討して標準化します．この手順は，「標準化」，「教育・訓練」，「管理の定着」に分けることができ，各項目とも確実に実施することが大切です．

実施の手順

（1）　効果のあった成功シナリオについて，管理のやり方，しくみを決め，標準書や業務マニュアルを制定・改訂します．誰でも守れる標準書や業務マニュアルにすることが大切です．さらに必要な場合は，フールプルーフ化（ポカよけ）も考慮します．

（2）　決めた標準書の内容で，周知徹底と教育・訓練を実施し，関係部署へのPRも行います．

（3）　良い状態が維持されているかどうかを，標準書の遵守状況や結果である特性値で定期的に確認します．

ポイント

【ポイント1】　標準化は，対策と対比させてまとめる

　表3.8のように，標準化は，対策毎に維持・管理方法を含め，標準化の内容とその周知徹底方法をまとめておきます．

【ポイント2】　標準類（管理帳票，要領など）を制定する

　標準化した内容を活きたものとするためにも，対策毎に文書化して登録します．また，対策毎に，どの標準書にどのように盛り込んだかがわかるようにまとめることが大切です．

第3章　課題達成型で解決する

表3.8　標準化のまとめ

対策	標準化	周知徹底
1. ・・・・・	標準書No.＊＊ ・・・・・・	○／○○ 職場ミーティング
2. ・・・・・ ・・・・・	標準書No.△△ ・・・・・・ ・・・・・・	○／○○ ワンポイントレッスン 掲示

【ポイント3】　課題を解決したあとも標準化が維持できていることを確認する

　標準化がしっかり行われ，守られていれば，効果は維持できると考えられますが，とかく標準書は風化したり，環境が変わると，元に戻ることがしばしば発生します．そのようなことを防止するために，効果のあった対策について，維持の方法を決め，文書化することも大切です．

【ポイント4】　効果が維持できていることを確認する

　定常的に管理する管理特性であれば問題はありませんが，非定常的な管理特性の場合は，定期的にチェックする体制を確立しておきます．

事例

7. 標準化と管理の定着

（1）　対策の標準化

　スクラッチ故障評価における新評価法については，表5のように標準化を行いました．

表5　標準化のまとめ

資料名	管理No.	制定日	作成者	配付先
スクラッチ評価作業	L-531-205	△△年3月1日	小境	品証課

標準化と管理の定着

課題達成型
手順7

> （2） 対策の周知徹底
> ① 実際にスクラッチ故障評価作業を行う高嶋さん，金子さんには，「スクラッチ評価作業標準書」に基づいて実技訓練を3月7日に実施しました．
> ② 「スクラッチ評価作業標準書」に基づいて3月15日に全メンバーに新評価法の作業内容を説明しました．
> （3） 対策と効果の管理
> 新評価法による評価時間の管理表を作成し，管理グラフを掲示しています．

指導者・支援者の関わり方

（1） 効果のあった対策は標準書にされていることを確認する

標準化の基本は，標準書です．標準書が制定・改訂されているか，その内容で十分かを確認します．

（2） 対策は周知徹底され，効果の確認体制が確立されていることを確認する

1つの課題を解決しても，それで終わりではありません．後戻りしないためにも，解決後の作業の仕方，結果を確認する方法などが決められ，解決した成果が定着しているかどうかを確認することが大切です．

第4章

施策実行型で解決する

この章のねらい

　施策実行型は，現状の把握を行っている段階で対策のねらい所が見えている場合に，問題解決を迅速に実施するための手順です．

　問題解決型や課題達成型と比べると，手順の数が図4.1のように6つと少なくなっていますが，問題を解決するための基本的な考え方に違いはありません．

手順1	テーマの選定
手順2	現状の把握と対策のねらい所
手順3	目標の設定
手順4	対策の検討と実施
手順5	効果の確認
手順6	標準化と管理の定着

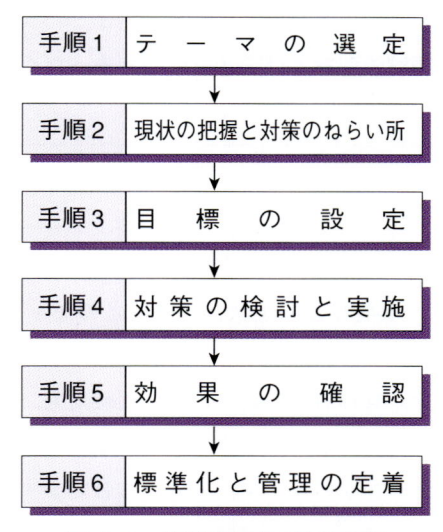

図4.1　施策実行型の実施手順

　問題解決型・課題達成型と重複するところもありますが，施策実行型の特徴を十分に理解していただくために，本章でも"実施の手順"，"ポイント"，"事例"，"指導者・支援者の関わり方"について紹介します．

手順1　テーマの選定

　「テーマの選定」は目的を明確にしておくために，非常に重要な手順です．

　これから取り組もうとしている問題解決のねらいを明確にし，テーマを決めます．職場に与えられている目的をしっかりとらえ，管理者およびメンバーでテーマを共有化しておくことが重要です．

　この手順は，問題解決型および課題達成型とまったく同じで，省略してはいけません．

実施の手順

（1）　後工程での評価結果から問題を抽出します．職場の品質，原価，納期，安全，モラール，環境などの現状と目標値とのギャップを明らかにします．ムリ，ムダ，ムラの観点から身近な問題も列挙することが大切です．
（2）　それらの問題を，管理者の方針や目標，期待効果，実現性などの項目で評価し，取り組むテーマを決定します．
（3）　今，なぜこのテーマなのかを全員で確認し合います．

ポイント

【ポイント1】　テーマ名は「○○における△△の××」の形とする
- ○○：どの範囲の……問題解決の対象（製品名，工程名，作業名など）
- △△：何を……問題解決したい管理特性（故障件数，作業工数など）
- ××：どうしたい……問題解決の方向・レベル（低減，撲滅など）

（例）「○○における△△の××」

「製品検査工程における帳票記入作業工数の低減」

　このように，どの範囲（対象）の，何（管理特性）を，どうしたい（レベ

ル）を明確にします．この3つが曖昧ですと途中で横道にそれたり，問題解決にたどりつけなかったりします．

ここで△△の問題解決したい特性のことを"管理特性"（管理項目とか単に特性とも呼ばれます）といいます．先ほどの例の場合，管理特性として「帳票記入作業」では不十分です．作業項目を減らしたいのか，作業工数を減らしたいのか，いずれも結果系で表すことが大切です．作業項目か作業工数かでは，とるべきデータも変わってきます．

「帳票記入作業の低減」では不十分 ─→「帳票記入作業項目の低減」
　　　　　　　　　　　　　　　　 └→「帳票記入作業工数の低減」

【ポイント2】 テーマ名に手段は入れない

「○○における△△の××」の型にそって進めれば，手段の入る余地はありませんが，上位方針の施策展開から下りてきたテーマなどでは，「□□による△△の××」というように，□□という手段を入れたテーマ名になりがちです．

手段を限定すると，狭い見方しかできなくなり，真の原因を見逃したり対策の方向性を誤る危険性があります．特に施策実行型の場合は，手段が見えていても，本当にその手段でよいのか，手段を見直すことが必要なので，テーマ名に手段は入れないようにします．

（悪い例）　「□□による△△の××」
　　　　　　「OA化による工数の低減」

OA化というのは手段ですから，対策の範囲を狭めていることになります．これでは，大きな効果は見込めません．

また，「□□による」の部分がテーマそのものとなる場合があります．この場合は□□が1つの手段となるようなテーマにします．

（良い例）　作業の効率化のためにOA化が必要とわかっている場合
　　　　　　「○○における△△の××」
　　　　　　「帳票記入作業における処理工数の削減」

このようにOA化も1手段となるようなテーマ名とし，広く対策案を考える

施策実行型
手順1
テーマの選定

ようにします．

【ポイント３】 管理特性は問題の大きい重要特性にする

　管理特性を何にするかは，問題を解決する目的を明確にするために重要です．一番解決したい特性を１つ選び，管理特性とします．テーマ名をひとめ見て何をやりたいのかがわかるようにしておくことが，問題解決を円滑に進めるうえで，またほかの協力を得るうえでも大切となってきます．

　感覚的な管理特性の場合には，表4.1のように工夫して定量化します．

　（例）　「○○における顧客満足度の向上」というテーマを取り上げた場合
　　　　管理特性："顧客満足度" または，"顧客満足度評価点"

表4.1　満足度のランク付け

満足度	1	要望が期待以上に満たされている
	2	要望が十分満たされており申し分ない
	3	要望どおりである
	4	要望に達していないが我慢できる
	5	とても受け入れられない

事　例

　施策実行型の問題解決の方法について事例で説明します．１つの事例を各手順毎に分けてありますので，本文の手順と照らし合わせて理解を深めてください．

　事務の担当者が出産休暇で長期休暇になるために，担当している業務の割り振りを変更する必要が出てきました．また，ちょうど時期を同じくして組織の改正があり，業務全体を見直す必要が生じ，至急取り組まなければならなくなりました．

> ■テーマ名「勤怠管理における作業工数の削減」
> **1. テーマ選定の理由**
> （1）担当者の長期休暇に対応するために，業務の共有化が必要となった．
> （2）組織改正による事務処理の重複を見直す必要が出てきた．

指導者・支援者の関わり方

（1）指導・支援の時期について

　最初の支援は，目標設定まで進んだ時期に実施します．問題解決に当たる担当者またはグループで，テーマの選定，現状の把握と対策のねらい所，目標の設定を一通り実施し，ある程度現状が議論できる題材があった方が具体的な支援・指導ができるからです．

　問題の大きさや担当者の実力によっては，テーマを設定するところから指導を行うこともありますが，押しつけではなく，自ら考え，実行する手助けをするという考えで指導・支援することを心がけます．

（2）助言はテーマの大きさ，緊急性，期待効果を踏まえ，全体をとらえた立場で実施する

　問題解決に当たっている担当者やグループは，問題に対して一番詳しい反面，ある特定の現象だけに目が注がれている場合が往々にしてあります．指導者・支援者の役割として全体を見て，当事者が見落としていることやかたよった見方をしていないかに注意します．

（3）テーマ名の形と内容をチェックする

　「○○における△△の××」の型になっているか，また，○○は問題解決したい範囲として小さすぎないか，などを確認します．

　　（例）「○○係におけるコピー枚数の削減」

・○○係だけではなく◎◎課全体で取り組む必要がないかチェックします．

　△△の管理特性（何を）は明確になっているか確認します．××は具体的にどうしたいという方向性がわかるかチェックします．

　　（例）　「ラベル貼り付け工程における作業性の向上」

　　　　　・作業工数を減らしたいのか生産量を増やしたいのかはっきりさせる必要があります．このような場合には，テーマ名のつけ方の指導を行います．

手順2　現状の把握と対策のねらい所

　選定された問題の現状を把握します．そのためには，まず問題となっている攻撃対象（管理特性）を明らかにします．管理特性の推移やばらつきから現状レベルをつかむと同時に，いろいろな角度から管理特性の特徴をつかみます．

　現状の把握の中でわかったことに対して，「対策のねらい所」を設定します．対策のねらい所では，対策の方向性，または大まかな対策内容をつかみます．ここで対策のねらい所を明確にできないようであれば，要因解析を確実に行う必要があるので，問題解決型へ乗り換えます．

実施の手順

（1）　テーマとして取り上げた問題について三現主義（現場で，現物を，現実的に）に基づき，今どうなっているのかをデータなどで把握します．

（2）　問題となっている攻撃対象（管理特性）を決めます．何がどれくらい悪いのか，結果が悪いときに特徴的なことはないか（設備別，時間別，作業者別，材料別，方法別などによる特徴）を5W1Hで明確にします．

（3）　調べた項目（要因）を整理し，重点指向で重要と思われる要因に対する

対策のねらい所を洗い出します．

> ポイント

【ポイント1】 管理特性を明確に定義する

「現状の把握」は，問題解決しようとする特性（管理特性）について，現状の悪さ加減を正確につかむ手順です．ここで，管理特性の定義を明確にしておきます．これを明確にしておかないと，現状把握と対策のねらい所でとるべきデータが異なったり，目標が曖昧になったりします．

たとえば，「〇〇作業工数」を管理特性にした場合の管理特性の定義としては，

① 〇〇作業とは？
　→どのような作業を行っているのか，その内容を明確にする．
② その作業工数のカウント方法は？
　→どのような作業で1工数とカウントするのか，具体的に「誰が」，「いつ」，「どこで」，「どのように」カウントするかまで決めておく．
③ 管理する期間の単位は？
　→〇〇作業工数を管理する（カウントする）期間としては，月当たりなのか，時間当たりなのか，稼働工程単位なのか，その単位を決めておく．

といった点について決めておきます．

作業の困難度・疲労度・安全性といった，定量化しにくい管理特性もあります．単純に，時間や重量，移動距離などに換算できない場合は，その程度を言葉で表現し，ランク付けするなどの方法があります．

疲労度のランク付けの例を，**表4.2**に示します．

表4.2 疲労度のランク付け

疲労度	例1	例2
1	目が疲れる	1日3回の休憩で回復できる
2	肩が凝る	1時間毎に5分間の休憩で回復できる
3	頭痛がする	翌日は休みにすることで回復できる

【ポイント2】 現状レベルをグラフでつかむ
　管理特性を定義したら，その現状を調査し，グラフ化します．

【ポイント3】 管理特性の構成要素（要因）を整理し対策のねらい所を決める
　管理特性を構成する項目（要因）を洗い出し，重点指向で重要と思われるものを対策のねらい所としてまとめます．
　施策実行型の場合，要因はほぼ把握できているため，系統図を使って要因を整理するとわかりやすくなります（**図4.2**）．
　重要な項目として出したものが，本当にねらい所として適当かどうかを確認し，もしあやふやであれば「問題解決型の手順」への変更，すなわち，要因解析をきちんと実施するのが良策です．
　現状の把握で「わかったこと」，「対策のねらい所」を，**表4.3**のように「対策のねらい所シート」にまとめます．

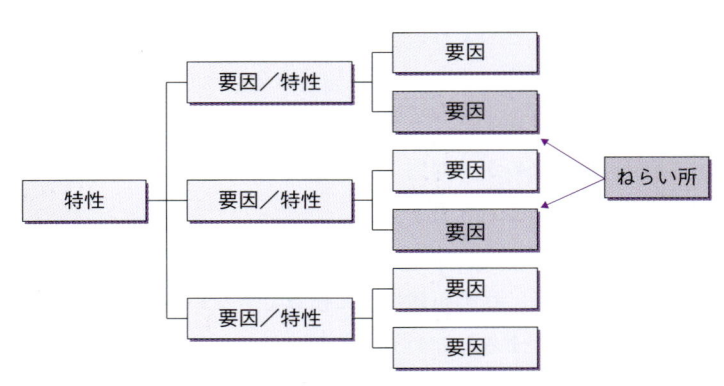

図4.2　系統図によるねらい所の設定

表4.3　対策のねらい所シート

わかったこと	ねらい所
△△時間が40分で長い	△△作業手順の変更
××作業にムダがある	××作業の廃止

【ポイント4】 ねらい所毎に，要件を明確にする
　目標を達成するために対策のねらい所毎に要件を設定します．

> ### 事　例
>
> **2. 現状の把握と対策のねらい所**
> 　当企画業務部は「企画課」，「TQM 課」，「品質管理課」の3つに分かれており，それぞれの課に事務の担当者がいます．
> 　まず，各課の勤怠管理業務の仕方と管理業務の手間について現状を調査しました．
> （1）**勤怠管理全体の流れについて**
> 　図1に，勤怠管理業務の流れと作業時間を示します．
> （2）**勤怠・帳票の事務処理方法**
> 　各担当者がどのように事務処理しているのかを調べました．
> ①　勤務表の回覧は，どのような日程で回しているか調べてみました（図2）．
> ②　休暇届の方法は，各課でどうなっているか調査しました．
> 　● 企画課：各自が記入し所定の場所に保管
> 　● TQM 課：事務担当者が記入
> 　● 品質管理課：　課長分…事務担当者が記入
> 　　　　　　　　　一般…各自記入し事務担当者へ渡す
> ③　時間外勤務管理方法は，各課でどうなっているのか調査しました（図3）．
> ④　故障時間届について各課の状況を調査しました．
> 　● 企画課：過去に処理したことがないためにその都度対応
> 　● TQM 課：過去に処理したことがないためにその都度対応

施策実行型　手順2　現状の把握と対策のねらい所

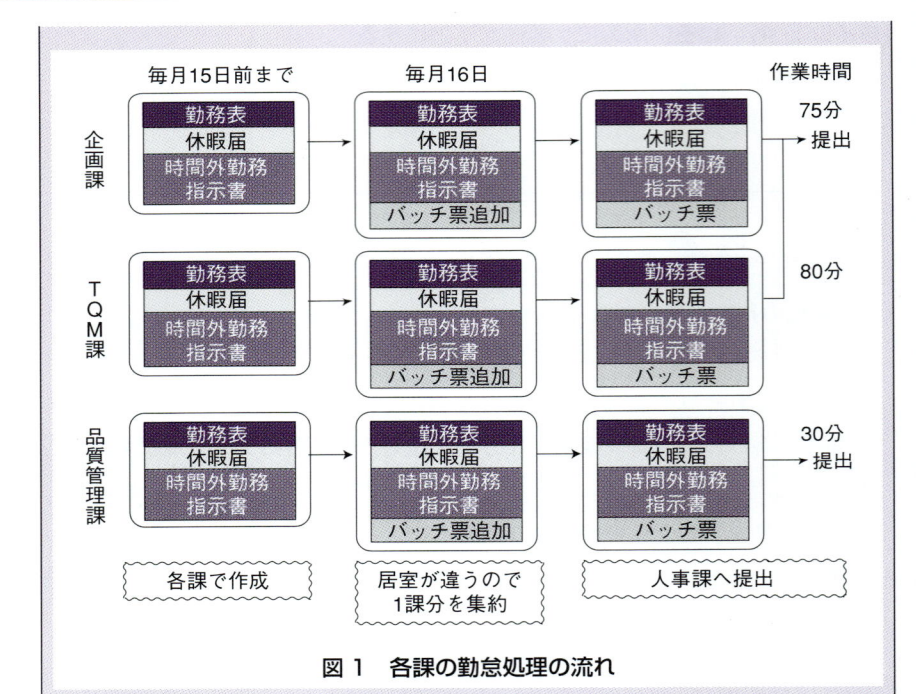

```
                毎月15日前まで        毎月16日                           作業時間
        ┌──────────────┐  ┌──────────────┐  ┌──────────────┐
        │  勤務表      │  │  勤務表      │  │  勤務表      │   75分
  企    │  休暇届      │  │  休暇届      │  │  休暇届      │  →提出
  画    │  時間外勤務  │→ │  時間外勤務  │→ │  時間外勤務  │
  課    │  指示書      │  │  指示書      │  │  指示書      │
        │              │  │  バッチ票追加│  │  バッチ票    │
        └──────────────┘  └──────────────┘  └──────────────┘
        ┌──────────────┐  ┌──────────────┐  ┌──────────────┐
  T     │  勤務表      │  │  勤務表      │  │  勤務表      │   80分
  Q     │  休暇届      │  │  休暇届      │  │  休暇届      │
  M     │  時間外勤務  │→ │  時間外勤務  │→ │  時間外勤務  │
  課    │  指示書      │  │  指示書      │  │  指示書      │
        │              │  │  バッチ票追加│  │  バッチ票    │
        └──────────────┘  └──────────────┘  └──────────────┘
  品    ┌──────────────┐  ┌──────────────┐  ┌──────────────┐
  質    │  勤務表      │  │  勤務表      │  │  勤務表      │   30分
  管    │  休暇届      │  │  休暇届      │  │  休暇届      │  →提出
  理    │  時間外勤務  │→ │  時間外勤務  │→ │  時間外勤務  │
  課    │  指示書      │  │  指示書      │  │  指示書      │
        │              │  │  バッチ票追加│  │  バッチ票    │
        └──────────────┘  └──────────────┘  └──────────────┘
           各課で作成        居室が違うので     人事課へ提出
                             1課分を集約
```

図1　各課の勤怠処理の流れ

> **わかったこと**
> ① 小さな3つの課で同じ処理を行っている．
> ② 人事課への提出は，同じ部門であるにもかかわらず，企画課と品質管理課から合計2つ提出している．

　●品質管理課：随時記入

　現状の把握からわかったことに対して，対策のねらい所が把握できました．また，早期解決を求められているため，施策実行型で取り組むこととしました．**表1**に，対策のねらい所シートを示します．

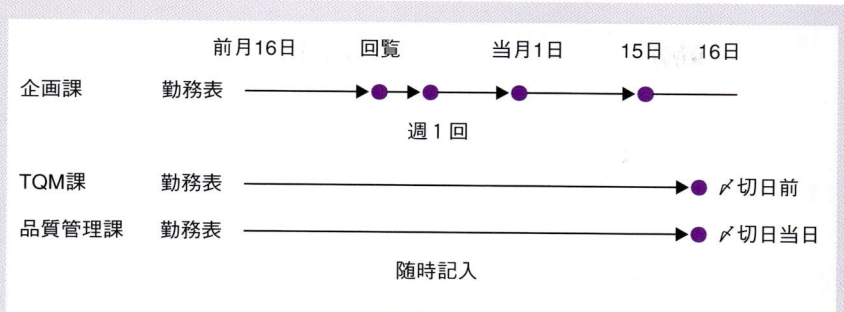

図2 各課別勤務表の回覧日

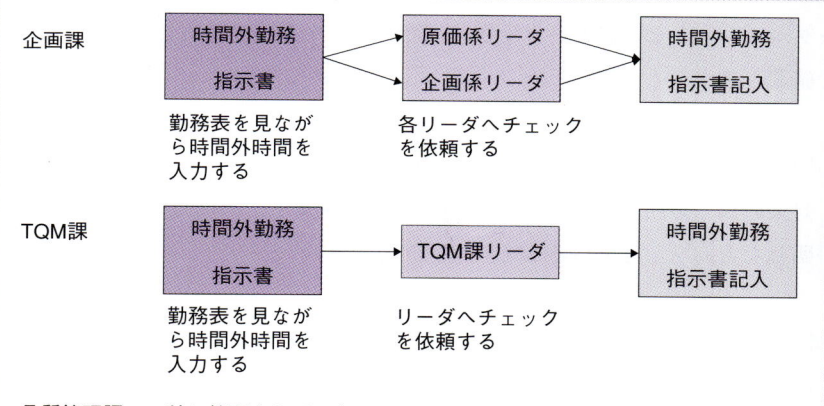

```
           前月16日    回覧      当月1日    15日  16日
企画課    勤務表 ────●─●────●──────●
                    週1回

TQM課    勤務表 ──────────────────●  〆切日前
品質管理課 勤務表 ──────────────────● 〆切日当日
                    随時記入
```

図3 各課別時間外勤務の管理方法

企画課：時間外勤務指示書 → 原価係リーダ／企画係リーダ → 時間外勤務指示書記入
- 勤務表を見ながら時間外時間を入力する
- 各リーダへチェックを依頼する

TQM課：時間外勤務指示書 → TQM課リーダ → 時間外勤務指示書記入
- 勤務表を見ながら時間外時間を入力する
- リーダへチェックを依頼する

品質管理課：特に管理をしていない

わかったこと
処理方法が事務担当者によってまちまちである．

表1 対策のねらい所シート

わかったこと	ねらい所
同じ処理を三重に行っている	三重処理を減らす（一本化する）
人事課への提出も2カ所から行っており，処理方法が事務担当者によって違う	勤怠〆時の提出方法の統一化

施策実行型　手順2　現状の把握と対策のねらい所

> 指導者・支援者の関わり方

（1） 管理特性が明確になっているかをチェックする

　誰が見ても内容のわかる管理特性になっているか，管理特性の把握の仕方は決まっているかなどをチェックします．

（2） 現状レベルのとらえ方が適切かどうか確認する

　季節変動などを考慮する必要がないか，ある時期からレベルが変わっているのに，前後をあわせて現状としていないかなどをチェックします．「とれるデータがこれしかない」という場合は，そのデータだけで判断してよいかどうかを確認します．

（3） ねらい所は明確になっているかをチェックする

　対策のねらい所シートはできているか確認します．あげられた「ねらい所」が明確な方向を示しているかをチェックします．

（4） このテーマが施策実行型手順で大丈夫かを判断する

　「対策のねらい所シート」において，「わかったこと」に対する「ねらい所」が的確なものか，また対策そのものになっていないことをチェックします．ねらい所があやふやな場合は，「問題解決型」に切り換え，要因解析をしっかり行うように指導します．

手順3　目標の設定

　現状の把握の結果をよく噛み砕いて目標を設定します．目標とは，テーマで取り上げた問題が解決したかどうかを評価する指標です．目標は管理項目と目標値と達成期間とから構成されています．

実施の手順

（1） 達成したい目標として，何を，いつまでに，どれくらいにしたいかを決めます．
（2） 目標の設定根拠を明確にしておきます．

ポイント

【ポイント1】 努力してつぶせる目標を設定する

目標設定には，下記の3項目を必ず入れて目標を明確に表現します．
- 何を（特性）：現状の把握で定義し，グラフ化した管理特性
- いつまでに（期限）：報告書を提出する時期
- どうする（目標値）：ベンチマーク＊＊→目標値＃＃（単位）

あらかじめ設定されているテーマでも現状把握のデータをよく吟味し，自分たちで問題点をもう一度見直し，管理者とすり合わせを行って目標設定を行います．すり合わせにより，目標値が自分たちのものになり，問題解決がさらにスピードアップされます．また，"やりがい感"にもつながります．

【ポイント2】 目標期限は，きちんと決める

施策実行型は，"スピード"が命です．効果を確認し，標準化を実施し，活動報告書をまとめて初めてテーマは完了します（表4.4）．まとめ，すなわち「問題解決活動報告書」（テーマ完了報告書）は問題を解決する活動を通じて得られた貴重な専門知識を蓄積するうえでも非常に重要です．したがって，テーマの完了期限は，テーマが終了して「問題解決活動報告書」を提出する時期とします．

【ポイント3】 目標を設定したら，必ず管理者とすり合わせる

目標を設定したら，必ず管理者と以下のポイントについてすり合わせを行います．

表4.4 活動計画

No.	手順	9月	10月	11月	12月
1	テーマの選定	■			
2	現状の把握と対策のねらい所	████	█		
3	目標の設定		■		
4	対策の検討と実施			███	
5	効果の確認			███	
6	標準化と管理の定着				■
7	報告書作成				■

- 管理特性は適切か？（本当にやりたいことと一致しているか？）
- ねらい所は適切か？（そこに対策を打って目標を達成できそうか？）
- 目標値は適切か？（上位方針とグループの実力を考慮しているか？）
- 期限は適切か？（各手順のスケジュールに無理はないか？）
- 手順の選択は適切か？（問題解決型，課題達成型，施策実行型のいずれか）

などです．

この段階で，もう一度テーマ名を見直しておくことも必要です．

事 例

3. 目標の設定

これまでの手順の結果から，目標を以下のように設定しました．

- 何を：企画業務部内勤怠管理における作業工数を
- いつまでに：○○年4月までに
- どうする：月当たり185分を80分以下にする

指導者・支援者の関わり方

（1） 管理特性が適切かどうか確認する

「何を」に当たる管理特性が，テーマ名の管理特性（△△）と一致しているかを確認します．

（2） 期限が適切かどうかチェックする

取り上げたテーマをいつまでにやる必要があるのか，上位方針と照らし合わせて問題がないかをチェックします．

効果の確認期間はとってあるかどうか確かめます．対策を打って終わりではありません．効果の確認期間，問題解決活動報告書作成の期間も考慮して期限を決めているかチェックします．

施策実行型　手順3　目標の設定

用 語 解 説

【FMEA】
「故障モードおよび影響度解析」と呼ばれ，設計の不完全や潜在的な欠点を見出すために構成要素の故障モードとその上位アイテムへの影響を解析する技法．Failure Mode and Effects Analysis の頭文字をとったもの．

この手法は，完成した機器やシステムを検討するために活用するのでなくて，これから開発しようとする機器やシステムの設計改善に活用するものである．

【PDPC 法】
計画を実施していくうえで，予期せぬトラブルを防止するために「事前に考えられるさまざまな結果を予測し，プロセスの進行をできるだけ望ましい方向に導く方法」．Process Decision Program Chart の頭文字をとったもので，過程決定計画図と訳され，新 QC 七つ道具の 1 つにあげられている．

【管理者】
組織や仕事の内容を取り締まる人を指す．会社での呼称では，部長，課長，係長，職長，班長などが管理者に相当する．

（3） 挑戦的な目標かどうか確認する

　対策から目標を決めていないかチェックします．メンバーのできる対策が目標ではなく，問題解決するために挑戦的で必要な目標になるように助言します．問題解決のためには何が必要か，どのレベルまで必要か，という観点でチェックします．

手順4　対策の検討と実施

> 　手順2の「現状の把握と対策のねらい所」で設定した対策のねらい所に基づき，有効と思われる対策案をより具体的に展開し，実行する手順です．

実施の手順

（1）　対策のねらい所に基づき，対策項目についてグループのメンバー全員で対策のアイデアを出し，系統立てて整理します．より多くのアイデアを出すことが重要で，必要があれば関係するスタッフや管理者の協力を得ることも大切です．
　　　"これは"と思う良いアイデアや良い意見をもとにして，具体的な対策案を考えます．対策案は複数考えます．
（2）　対策内容について期待効果，費用，実現性などの項目で評価し，対策の順序と役割分担，実施計画を明確にします．
（3）　対策実施毎に効果を確認しておきます．

ポイント

【ポイント1】　実行案での有効性をチェックする

　対策のねらい所に対して，方策案を展開します．このときに，当初から思い描いていた方策案だけにとらわれずに，方策案を広く展開するようにします．

そのためには？→そのためには？→そのためには？

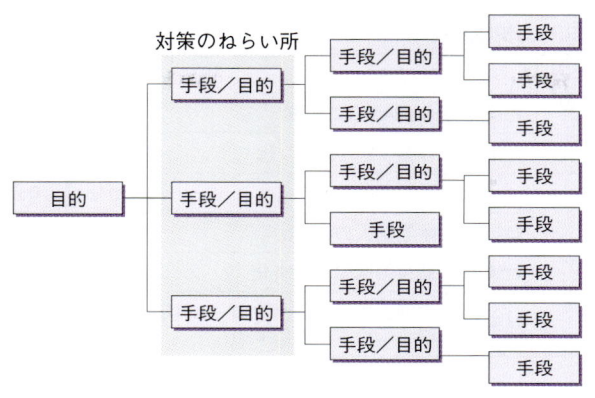

図4.3　方策展開型系統図

方策案を展開するには，方策展開型系統図（**図4.3**）が有効です．

【ポイント2】　実施した対策は具体的に表現する

　検討案と実施案は明確に区分し，実施した内容はできるだけ図表や絵などを用いて，対策前後がはっきりするようにします．

　あとから何をやったかわからなくなる場合がありますので，対策内容が明確になるように具体的に記録しておきます．

【ポイント3】　対策の効果は，まずねらい所の項目毎に確認する

　それぞれの対策の効果は，「現状の把握と対策のねらい所」でまとめた「対策のねらい所シート」の項目毎に確認します．

　管理特性そのものの効果は，「効果の確認」で行いますので，ここではねらい所の項目毎，各対策毎に効果を把握するようにします．**表4.5**のねらい所「現場監視作業の省略」のように，対策3〜5すべてを実施して初めて現場監視作業が省略されるケースもあります．

表4.5 ねらい所に対する効果確認

ねらい所	対策No.	対策内容	現状	対策後	効果
帳票記入時間の短縮			50分	35分	15分削減
	対策1	作業AをBに変更	30分	25分	5分削減
	対策2	作業Cをパソコン化	20分	10分	10分削減
現場監視作業の省略			10分	0分	10分削減
	対策3	帳票記入のOA化	対策3～5をすべて実施したことにより，現場監視作業を省略することができた．		
	対策4	監視の遠隔モニタ化			
	対策5	定期点検は巡回パトロール中，同時に行うことにする			

事　例

4. 対策の検討と実施

　対策のねらい所に基づき，対策案と評価を系統図とマトリックス図を用いて検討しました（図4）．

　（1） 対策の実施

　総合評価で高いものから順に4つの対策案を実施することとしました．
〈対策1〉
　三重処理を一本化するため担当者を1人にし，部全体を担当することにしました（図5）．
〈対策2〉
　担当者1人が行う処理をOA化し，簡単に集計できるようにしました．
〈他部門のフォーマットの選定〉
　OA化の検討に当たり，他職場の状況を把握しました．すでに勤務表をOA化している職場のフォーマットがどのようなものか調べました（表2）．
　その結果，フォーマットの見やすさや使用ソフトが身近なものであるこ

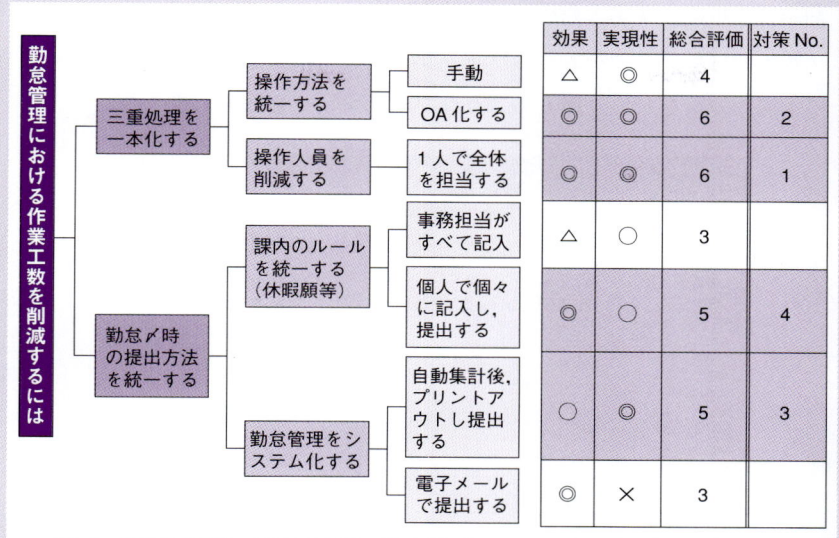

図4 「勤怠管理における作業工数を削減するには」の方策展開型系統図

			効果	実現性	総合評価	対策No.
三重処理を一本化する	操作方法を統一する	手動	△	◎	4	
		OA化する	◎	◎	6	2
	操作人員を削減する	1人で全体を担当する	◎	◎	6	1
勤怠〆時の提出方法を統一する	課内のルールを統一する（休暇願等）	事務担当がすべて記入	△	○	3	
		個人で個々に記入し、提出する	◎	○	5	4
	勤怠管理をシステム化する	自動集計後、プリントアウトし提出する	○	◎	5	3
		電子メールで提出する	◎	×	3	

（左側テーマ：勤怠管理における作業工数を削減するには）

対策前

	人数	担当者
企画課	5名	後藤
TQM課	4名	関口
品質管理課	3名	森川

対策後

	人数	担当者
企画業務部	12名	森川

図5 対策後の担当者

表2 勤怠管理フォーマットの他部門の調査

	生産システム部	経営戦略室	開発センター
フォーマット	《よい》カラーで見やすい	《普通》モノクロ	《普通》モノクロで難しそう
使用ソフト	Excel 慣れている	Excel 慣れている	Access 扱い人数不適合

手順4 施策実行型 対策の検討と実施

とから，生産システム部のフォーマットを使用することに決定しました．

　基本的に生産システム部のフォーマットを利用することとし，自職場用に下記の変更を行い，**図6**のようなフォーマットを作成しました．

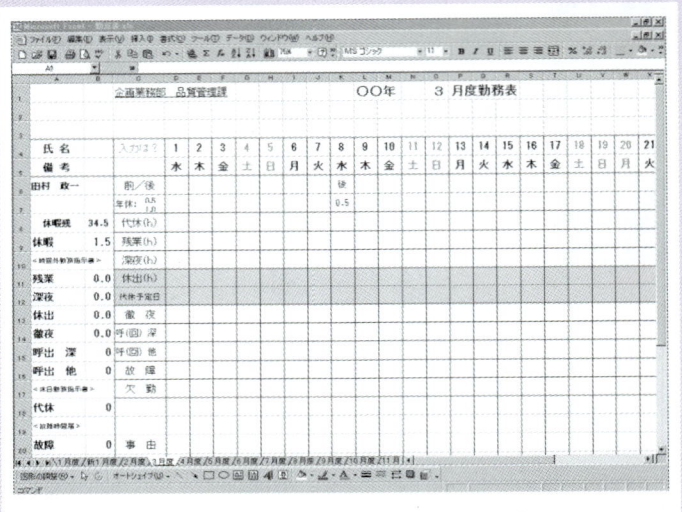

図6　自職場用にアレンジした勤務表

【変更点】

① 勤務表項目順の変更

　生産システム部に比べ，自部門では「時間外」や「故障」，「欠勤」，「代休」などが少ないため，よく使う項目が上段にくるようにしました．

② ファイル構成の変更

　自部門で試行してみたところ，「月度」より「個人別」にした方が，今後個人入力を実施してもらううえで，作業の効率化が図れるために個人用ファイルに変更しました．

〈対策3〉

　給与厚生部門への提出方法の検討を行いました．

① 給与厚生センターに提出する「時間外勤務指示書」も自動リンクで

作成できないか検討しました．

　Excel にて自動リンクさせると，「時間外勤務指示書」のフォーマットが自部門のものとなるため，それでも提出可能かどうかを給与厚生センターに問い合わせました．

　その結果，「職場で独自に作成したものでもOK」という返事を得ました．ただし，「時間外勤務指示書」には「申告者のみを記載して欲しい」との要望がありました．そこで詳しく調査してみると，Excel のソフト改造が必要であり，変更の手間と手書きの手間を比較するとほぼ同等であると判断し，手書きで記入することとしました．

　なお，個人の「休暇」「時間外勤務時間」などは一覧表としてプリントアウトできるようにして，少しでも効率化できるように工夫しました．

　表3の「個人別勤怠一覧表」をプリントアウトすることにより，各個人のシートをすべてプリントアウトする必要がなくなり，実績だけの保存ができるようになりました．

表3　個人別勤怠一覧表

名前	従業員コード	休暇	残業	故障	欠勤	代休	深夜
鈴木　豊	04567	0.0	1.0	0.0	0	0	0.5
佐藤幸夫	05678	0.0	0.0	0.0	0	1	0.0

　②　「勤務表」を紙で保管する必要があるかどうか調査しました．

　今までは，紙の「勤務表」に直接メンバーが記入していたため，そのまま保管していました．電子化して保管してもよいかどうか給与厚生部門に確認した結果，「勤務表」は，
- 上長承認の認め印が必要
- 「紙」の状態で3年間保管しなければならない

ということがわかりました．

導入検討中の「勤務表」は，月毎に個人別で1シートずつとなっているため，プリントアウトすると月当たり12枚の紙が出力されることになり，保管上問題と考えられました．そこで，「勤務表」が1人1枚ではなく，1枚に数人分載せることができないか検討を重ねました．その結果，各個人のシートからリンクを張ることにより，5名程度をA4サイズで1枚におさめてプリントアウトできるようになりました（図7）．

　この表を勤怠〆日にプリントアウトすれば帳票が作成できるようになり，表3の「個人別勤怠一覧表」の必要がなくなりました．

〈対策4〉

　勤怠処理（〆時含む）ルールの統一化を図りました．「勤務表」のほかに，今後個人で作成する「休暇表」について整備しました．

- 「休暇表記入マニュアル」の作成
- 「休暇表」提出場所の明示

　また，部内ミーティングの席で今回問題解決するまでの経緯と部門全体で統一したルールを説明しました．

　8月勤怠〆日までにメンバー各自が〈対策2〉で作成した「勤務表」に時間外勤務時間や休暇取得をインプットし，帳票も規定の場所に提出してもらうことにしました．

　試行後，部内ミーティングの席でメンバーから感想を聞いてみました．「勤怠〆日前に，電子メールなどでインプット忘れがないかどうかの連絡をもらえれば問題ない」との確認ができたので，本格的に運用することに決定しました．

図7　改善した勤務表

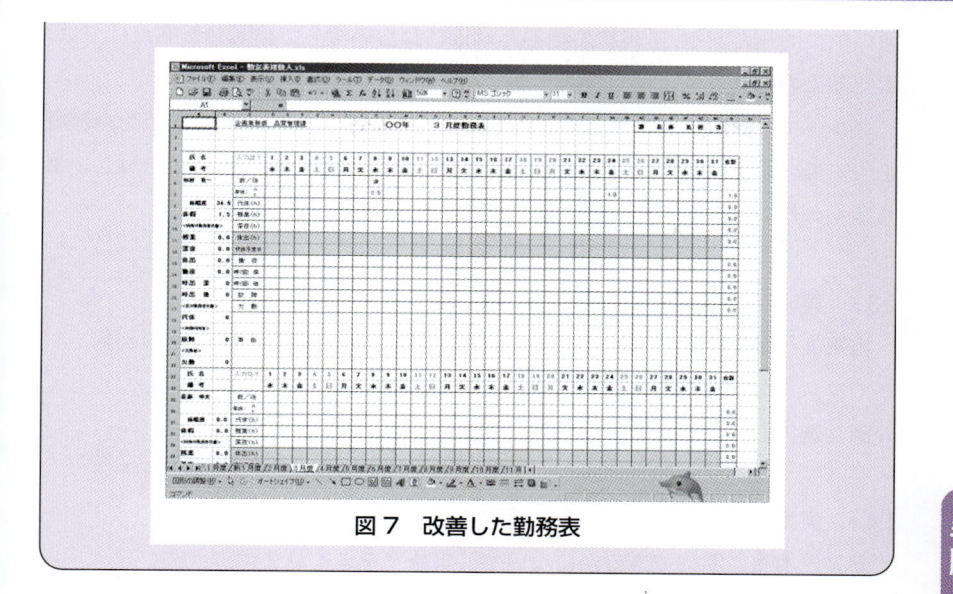

> 指導者・支援者の関わり方

（1）　対策のねらい所に基づいて対策案が検討されているか確認する

「対策のねらい所」で選定したねらい所をさらに発展させ，具体的な対策案を出します．

① 「現状の把握と対策のねらい所」で取り上げた対策のねらい所を1次項目として，系統図などが作成されているか確認します．

② 1次項目から「そのためにどうする」という形で，2次項目，さらに具体化した3次項目，と具体的な手段が展開されているかチェックします．

③ 対策案は最終的には，「何をどうする」という実現可能なレベルまで具体化されていることを確認します．「○○を変更する」では具体化されているとは言えません．

（2）　対策案が多く出されているか確認する

対策案はできるだけ多く出し，有効なものを選ぶことが重要です．初めから

頭の中にあった案や,「現状の把握と対策のねらい所」で検討した案だけでは,広く効果のある対策にはつながりません.

　グループのメンバーは状況をよく知っているだけに,固定観念が発想の邪魔をする場合があります.なるべく客観的に,広い視野で見るように指導し,より多くの対策案が出せるように助言します.

（3）　実施案の選定過程は適切か確認する

　施策実行型手順は"スピード"が命なので,初めに納期（期日）の制約,ついでコストなどの制約や,予想されるほかへの影響についても考慮し,正しく評価し選択しているかをチェックします.

（4）　実施案から効果が見えるか確認する

　効果が本当に期待できるかについて,実施案をよく見ます.
　① 　実施した対策が原理・原則面から見て問題ないかチェックします.
　② 　対策を行うことで,ほかに悪い影響を及ぼさないかチェックします.

手順5　効果の確認

　実施した対策の効果を確認します.効果の確認とは,対策をとる前と後で,問題としている管理特性がどのように変わったかを調べることです.対策をとった後で予想した効果が出ているかどうかを,できるだけ数値で把握します.

　対策の有効性を十分確認しておくことも,その後の維持管理や問題解決に対しても重要です.

実施の手順

（1）　すべての対策結果をチェックし,最終的な問題解決の効果を確認しま

す.
（2） 当初の目標値と比較し，達成度を把握します．未達のときは，さらに手順4の「対策の検討と実施」に戻ります．
（3） 効果は有形の効果だけでなく，無形の効果（メンバーの成長など）も把握することが大切です．また，対策をすることによる前後工程への悪影響や波及効果についても把握します．
（4） 有形の効果は，できるだけ金額換算します．

> ポイント

【ポイント1】 効果の確認は，現状の把握のグラフで行う

対策の実施結果について，効果を把握するためのデータをとり，効果を確認します．そのほかの副次的効果についても調査しておきます．

対策前後の確認は，現状把握のグラフを用いて，ベンチマーク（BM），目標，結果を明記します．これにより，目標の達成度合が一目でわかるようになります．

【ポイント2】 効果を対策毎に分けて調べる

複数の対策を実施したときは，対策毎に効果を分けるよう心がけます．ただし，ねらい所に対する対策の効果で明確になっている場合は，あらためて調べる必要はありません．

【ポイント3】 ほかへの影響を十分確認する

1つの対策をとることで複数の副次効果が現れた場合，良い効果は「その他の効果」としてまとめますが，対策検討時に懸念点としてあげられた項目については，「ほかへの影響」として問題がないことを具体的に確認しておきます．

今回，対策を打ったことにより，ほかの品質，原価，生産性，安全性などにマイナスの影響を与えていないかどうかについても調べておきます．調査した結果は，あとで何らかの影響が出たときに行った対策と関係があるかどうかを

判断する重要な情報となります．

また，問題解決による成果をわかりやすく，共通の尺度で評価するために，できるかぎり効果金額を求めておくことも大切なことです．

【ポイント4】 無形の効果も把握する

無形の効果とは，グループ（個人）の成長を示すもので，手法の習得やコミュニケーション，問題意識の向上，技術力の向上などのことです．

事　例

5．効果の確認

対策を実施後，効果の確認を行いました．

（1）有形の効果

① 対策前後で比較すると，伝票処理などの作業時間が大幅に減少しました（図8）．作業時間80分以下という目標を達成し，ばらつきも少なくなったことを確認しました．

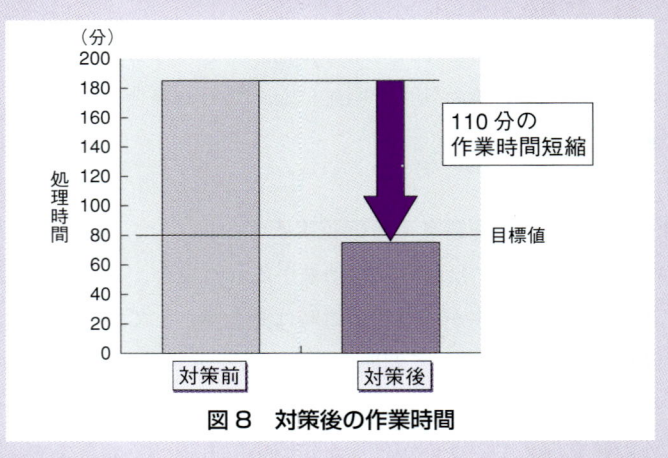

図8　対策後の作業時間

② 処理が統一され，担当者が3名から1名になりました（図9，10）．
③ メンバーがいつでもパソコン上で勤怠を入力できるようになりました．

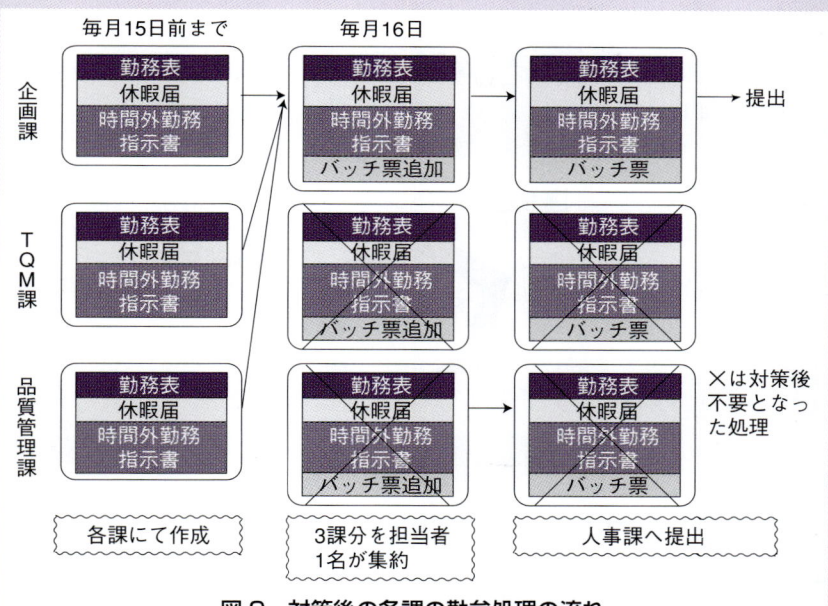

図9 対策後の各課の勤怠処理の流れ

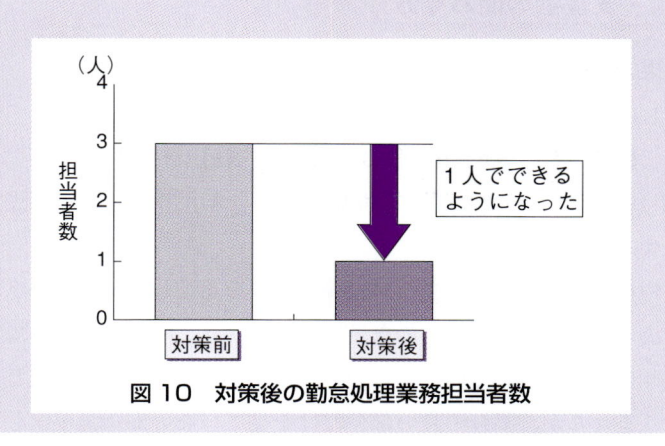

毎月15日前まで／毎月16日

企画課・TQM課・品質管理課それぞれで「勤務表／休暇届／時間外勤務指示書」を各課にて作成 → 16日に「バッチ票追加」を3課分を担当者1名が集約 → 「勤務表／休暇届／時間外勤務指示書／バッチ票」を人事課へ提出

×は対策後不要となった処理

図10 対策後の勤怠処理業務担当者数

（人）担当者数：対策前 3 → 対策後 1　「1人でできるようになった」

④　勤怠に関して，各自の自己管理意識を高めることができました．
⑤　勤務表の管理は，労働基準法にかかわっていることが再認識できました．

（2）　無形の効果

今回の取り組みにより，チームワークや問題解決意識などの成長が図れました（図11）．

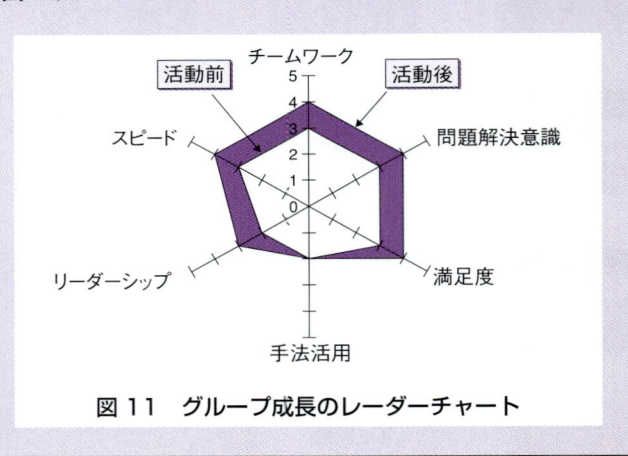

図11　グループ成長のレーダーチャート

指導者・支援者の関わり方

（1）　効果の確認が的外れとなっていないかをチェックする

- 確認している内容が管理特性になっていますか？

  （例）【管理特性】は手直し件数→【確認内容】は不良件数

  「不良件数は減ったが手直し件数は変わらず」では，問題解決できていません．

- 現状の把握で使ったグラフに対策後の実績を追加していますか？

問題解決が進むうちにいろいろな矛盾が見つかり，問題解決前の現状を都合の良いように解釈し直していることがあります．解釈のし直しは決して悪いことではありませんが，都合の良い部分だけを見ていないかチェックします．

（2） 対策毎の効果確認ができているかチェックする

複数の対策を同時に実施することはよくあります．現実の場合，対策の効果が多少不明でも実施することがあります．対策の実施手段・手順を考えて実施することにより，対策毎の効果を確認できるようにします．

（3） 問題解決による成果を目に見えるように指導する

問題解決の効果を評価するためにも，効果金額を求めるように指導します．場合によっては，求め方の助言も必要です．

（4） ほかへの影響の確認内容をチェックする

（例）「検査時間の削減」→【対策】自工程の検査作業を他工程へ移す

ほかへの影響の確認として，「他工程での作業に，特に問題がないことを確認した」というケースでは，確認内容を具体的に聞いてみてください．他工程で「この作業は引き受ける」ということになった場合，総合的にどういう効果があるのかを考えるのは，管理者でなくてはできません．

（5） 無形の効果を確認しているかをチェックする

問題解決を通じてグループや個人の能力が伸びるよう指導・支援することが大切です．

1つの問題解決が終わった段階で，取り組んだ結果「良かった点」，「悪かった点」などをメンバー（特に主担当者）と話し合い，書き出してみると，今後の目標，個人の目標が見えてくる場合がよくあります．

手順6　標準化と管理の定着

　この手順では，元の状態に戻らないように維持・管理する方法を検討・実施します．せっかく良い対策を打っても，維持・管理する方法が決められていないとすぐに元に戻ってしまう可能性があります．
　この手順の具体的内容は，「標準化」，「教育・訓練」，「管理の定着」に分かれます．

実施の手順

（1）　4M（人，設備，材料，方法）について，良い結果を得るために内容を標準化します．誰でもが守れる標準とすることが大切です．必要な場合は，フールプルーフ化（ポカよけ）も考慮します．
（2）　決めた標準について，周知徹底と教育・訓練の実施，関係部署へPRを行います．
（3）　良い状態が維持されているか，標準の遵守状況や結果である特性値を定期的に確認します．

ポイント

【ポイント1】　標準化は，対策と対比させてまとめる

　標準書を調べてみると，標準化された背景や理由が不明確なものがあります．標準化を活きたものとするためにも，どの対策を，どの標準書に，どのように盛り込んだかがわかるようにしておくことが大切です．
　対策毎に，対策の維持管理方法，標準化内容，周知徹底方法をまとめておきます．

【ポイント2】　標準類（管理帳票，要領など）を制定する

　標準化の第一歩は標準書の作成です．対策を打つと今までと仕事のやり方は

異なってきます．そこで，この新しい仕事のやり方が継続できるように，標準書を作成もしくは改訂しておかなければなりません．使える標準書となるように使う人が中心となって，要点は落ちなく明確に記述し，改訂欄には改訂理由，年月日を明記して，社内標準の制度改訂の実施手続きに従って，関係部署の確認と了承をとり，管理者の承認を得ます．

【ポイント3】 問題解決後の維持ができていることを確認する

　新しい仕事のやり方が守られ，得られた改善効果が維持されているかどうか確認します．維持管理の内容には，決められたことが守られているかどうかをチェックする「対策の維持管理」と，問題解決した効果が持続しているかどうかをチェックする「特性の維持管理」があります．

　標準化がしっかり行われ，守られていれば，効果は維持できると思われがちですが，標準書で決めたことが守られていなかったり，決めたことは守っていても環境が変わった，などにより過去に問題解決した内容がいつのまにか悪くなっている場合があります．そこで，定期的にチェックする方法を決めておくことが必要です．

【ポイント4】 効果が維持できていることをチェックする体制をつくる

　目標特性が定常的な管理特性であれば，特別な維持管理体制は必要ないですが，非定常的な特性の場合には，定期的にチェックする体制をつくっておくことが必要です．

　たとえば，「在庫量の削減」を行った場合に，問題解決した内容を守っていても新商品の導入，製品構成の変更などで「在庫量」が増える場合があります．

　定期的に「在庫量」を確認していれば，問題発生に早く気付くことができます（図4.4）．

　維持管理について決めた内容をときどき管理者が確認し，維持できていれば，「対策がうまくいってますね」と言葉をかけ，問題が発生している場合に

は「何か不都合が起こっていないか？」というように問題提起します．

標準化のまとめの例を，**表 4.6** に示します

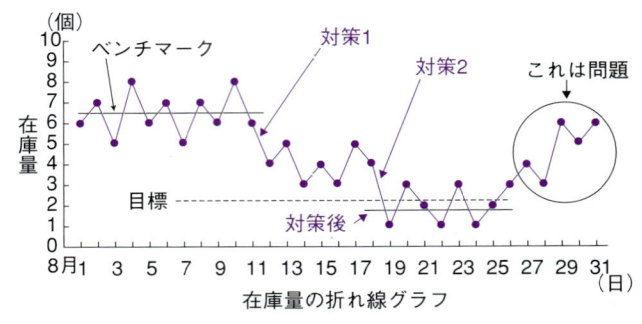

図 4.4 管理特性のチェック

表 4.6 標準化と管理の定着

対策名	標準書名 No.	対策の概要	対策の維持管理	周知徹底
1. 設定温度の変更	標準書 No. Sc34981 を改訂	温水の設定温度を 70 ℃に固定する	チェックシートで毎日管理する	10 月 15 日 職場ミーティング
2. 溶解起動タイミングの変更	標準書 No. Kq3491 を Kq3491a に改訂	再起動後にタンクの液面スイッチを検出してから溶解を開始する	シーケンスの書き換えをしてしまえば起動順番は変わらないので維持・管理は不要	9 月 30 日 ワンポイントレッスンを作成し共有化を図る

事例

6．標準化と管理の定着

（1）対策の維持管理

各対策毎に標準書と対策概要，対策の維持・管理，対策の周知徹底を行いました（**表 4**）．

また，部内で異動者が出た場合でもすぐに勤怠処理をできるように「異

動者向けのマニュアル」も作成しました．

表4　標準化と対策の維持管理

対策名	標準書名	対策の概要	対策の維持・管理	周知徹底
三重処理の一本化	勤怠管理作業標準書 No.SD-2153	部全体を1人で担当する	各課で同じ処理をしていないか，勤怠〆日にチェックする	部内メンバーへの説明会実施 3月30日
OA化により担当者1人で集計	勤怠管理作業マニュアル No.M-3001	勤怠管理フォーマットを作成する	「事務担当者用マニュアル」を制定し，定期点検を実施する	事務担当者への説明会実施 4月5日
給与厚生部門向け部勤務表の作成	勤怠管理システムマニュアル No.M-5021	Excel自動リンクにより帳票を作成する	自動でリンク処理できているか，勤怠〆日に確認する	給与厚生部門への説明実施 4月3日
勤怠処理のルール統一化	勤怠管理ワンポイントレッスン No.OP-0135	部内メンバーが同じ方法で処理ができるようにし，誰が事務担当になってもわかるマニュアルを作成する	各課の各メンバーが決められた方法で処理を行っているか，勤怠〆日前日にチェックする	部内メンバーへの説明会実施 3月30日

〈事務担当者用マニュアル〉

勤怠締め時の月次処理方法
勤怠締め時には，以下の方法で勤怠締めを行いましょう！
〈処理方法〉
① 前月のファイルを利用して，当月度の○月度.xls のファイルを作成します．
　前月ファイルの保管場所は，N:¥kikaku¥勤怠¥jimutan¥○月度.xls です．
② このファイル内にある，マクロ（Visual Basic）シートの数値を変更します．
　（現在の状態では，前月度処理用のマクロとなっているため）
　マクロ（Visual Basic）シートの場所は…
　＊ Excel 2000 または 97 の場合→上にあるアイコン「Visual Basic Editor」を押し，エディター内左にあるプロジェクトから，月度変更¥モジュール¥勤怠締め処理のマクロを開く．
　　頁上部にある，〈置換方法〉の指示に従って，月度の数値を変える．
　＊ Excel 95 の場合→sheet「勤怠締め処理」の〈置換方法〉の指示に従って，月度の数値を変える．

〈異動者向けマニュアル〉

異動者発生時の処理方法
〈転入者の処理方法〉
① 誰かの個人用ファイル（N:¥kikaku¥勤怠¥個人入力¥(個人名).xls を利用して，転入者の（転入者名）.xls のファイルを作成します．
② 「1月度」～「12月度」のシートを選択し，セル A6, A7 の個人名・コードを変更します．
③ 「1月度」のシートにあるセル A2, A3 の「休暇繰越」「新規取得」欄に数値を入力します．
④ 「N:¥kikaku¥勤怠¥事務胆用¥○月度.xls」を開き，転入者が入るシートへリンク貼付します．入る場所によっては，挿入下の人の場所がずれますので，1つ挿入してズレた場合は，一番下にある人のデータを，次の頁へ「切り取り→貼り付け」でもっていきましょう．
　〈「(個人名).xls」ファイルから「○月度.xls」ファイルへリンクさせる操作方法〉
　「(個人名).xls」ファイルのセル A6 から A122 を選択→コピー→「○月度.xls」ファイルの貼付位置へカーソルを置く→右クリック→形式を選択して貼り付け→リンク貼り付け
⑤ 〈このファイル（月次処理.xls）にあるマクロの修正〉
　マクロ（Visual Basic）シートの場所は…
　＊Excel 2000 または 97 の場合→上にあるアイコン「Visual Basic Editor」を押し，エディター内左にあるプロジェクトから，月度変更¥モジュール¥勤怠締め処理のマクロを開く．
　＊Excel 95 の場合→sheet「勤怠締め処理」をクリックする．
　マクロのシート内にある，下記番号の場所（①＆⑤）へピンク文字の言葉を追加します．

（2）**効果の維持確認**

　勤怠管理における作業工数を半年間グラフ化し，効果が維持されていることを確認しました．

指導者・支援者の関わり方

（1）　標準書を作成または改訂しているかを確認する

　標準書として書かれたものがあるか確認します．言葉だけでは誤解があったり，時間がたつと忘れたりします．

（2） 周知徹底されているか確認する

周知徹底し，標準が守られているかどうかを確認します．

（3） 効果の確認体制は十分かどうか確認する

問題が解決できると，ほっとして，しばらくすると元に戻ってしまうことがあります．標準化はこれを防ぐ1つの方法ですが，問題解決後の結果を確認する方法を決めて，効果が維持できているかどうかをチェックします．

第5章

問題解決の活動を活性化させる

5.1 経営トップの役割

　プロ野球で，塁に走者をため，ここぞというときの一発はスカッとします．組織の中での自分のやるべき仕事を確実にこなしている姿は，周りの人たちに感動を与えます．仕事をこなして結果を出しているのは選手たちです．この場面にいたるまでの選手たちの努力はもちろんのこと，監督の采配，コーチの指導，フロントの理解など多くの努力の積み重ねがあったことも忘れてはいけません．選手たちは，何気ない監督の一言によって「燃えたり」，「その気になったり」したことでしょう．スランプのときには，コーチにより「勇気付けられた」こともあったでしょう．

　組織の目的・役割を明確にし，個人個人のできる限りの力を発揮させることは，プロ野球の世界だけではなく，会社にとっても同じことです．

　すべての企業活動は，人間によって営まれています．いくらIT（情報技術）が進み，ロボットが出現しても，それらを扱うのは人間です．したがって，いつの時代も，企業内のすべての人間の能力を最大限に発揮させる必要があるのです．

　そのために，問題解決を全社で取り組む必要があります．経営トップは以下に示す2つのポイントを常に意識し，実践することにより，社員の能力を十分に発揮できるようにします．

5.1.1 社員をやる気にさせる

　なぜ，全社で問題解決活動に取り組もうとしたのか，トップが自らの言葉で説明し，理解させ，社員を「よし，やってやるぞ」という気持ちにさせることです．

　キックオフ大会，発起大会などではもちろんのこと，年初の挨拶，社長診断など，社員の前で話す機会があれば必ず問題解決活動に触れて，問題解決活動に対して自分がどのように感じているか，考えているかを話します．社内向けホームページ，社内向け機関誌がある場合にはそれを通じて社員をその気にさ

せる言葉で訴え，燃えさせ，社員の能力を引き出します．

このように，常に「見ている」，「関心を持っている」ということを態度で示すことが大切です．

トップのちょっとした言葉により，社員は変わります．「私たちのことを，社長はこんなに理解してくれている．もう少し頑張ろう」という気になります．ある職場をほめれば，ほめられた職場の人たちは気持ちがいいので，さらにやる気がわいてきます．ほかの職場の人に対しても，「自分たちも負けられないぞ」という気持ちになるようにもっていくことが大切です．

5.1.2　問題解決の活動ができるように環境を整えること

ここでいう環境とは，"やる場"のことを指します．職場第一線の人たちがその気になってきても，管理者の理解が薄く，非協力的であったのでは何にもなりません．アンチ派（反対派）についても，理解させ，一緒に取り組む努力を惜しんではなりません．そうはいっても，背を向ける管理者はいるかもしれません．ここで有効なのが，しくみの構築です．問題解決活動を進めていくうえでのさまざまなしくみを構築し，その結果を方針管理の管理項目として管理し，進捗状況をチェックしながら活動を進めていきます．このようにしていけば，非協力的な管理者でもその成績に反映されるため，いつか理解してくれます．

5.2　問題解決活動の全社的組織

問題解決活動は，全社が一体となって，トップをはじめ各階層の全員が参加，参画して行う活動でなければなりません．そこで，問題解決活動の推進に当たっては，まず，活動の推進を図るための問題解決推進組織が必要となります．品質管理を推進している会社では，品質管理室やTQM推進室などの名称の推進部門があり，品質管理推進の役割を任っています．また，専門組織がない企業では，経営企画部や総務部，人事部などがこの役割を果たしているので

はないでしょうか．問題解決活動の推進に当たっては，方針管理や品質管理とのつながりが大きいので，これらの部門の中に問題解決推進事務局を設置するのがよいでしょう．

一般的には，**図5.1**のように全社問題解決推進事務局の下に事業所問題解決推進委員会，部問題解決推進委員会などを設置し，問題解決向上のための施策を検討・実施します．しかし，この方法では実際に問題解決に当たるグループの指導・支援は管理者に委ねられており，管理者のレベルによりグループ間の格差が生じてしまいます．また，思うように問題解決できず悩んでいる管理者が多くなるのが実情です．

そこで，「問題解決支援チーム」を設置します．この問題解決支援チームは，グループで取り組んでいる問題解決活動の支援を行い，活動結果を評価するチームです．このチームの支援・評価により，グループに問題解決の基本の浸透，全社の問題解決能力を向上させることができます．

ここで，全社的組織の役割をまとめてみると，次のようになります．

(1) 全社問題解決推進委員会

全社の問題解決活動推進の最高審議機関です．各事業所推進委員長と全社推進事務局がメンバーとなります．

(2) 全社問題解決推進事務局

全社の問題解決活動の推進事務局を担当します．問題解決に当たっての方針，推進計画に基づいて各階層の協力を得るように努めます．

(3) 事業所問題解決推進委員長

事業所の問題解決推進最高責任者として活動を統括し，事業所の問題解決の推進を図ります．

(4) 事業所問題解決推進事務局

事業所の問題解決活動の推進事務局を担当します．問題解決支援チーム，リーダー会の補佐も担当します．

(5) 問題解決支援チーム

グループで実施している問題解決テーマを実践教育の立場で支援します．ま

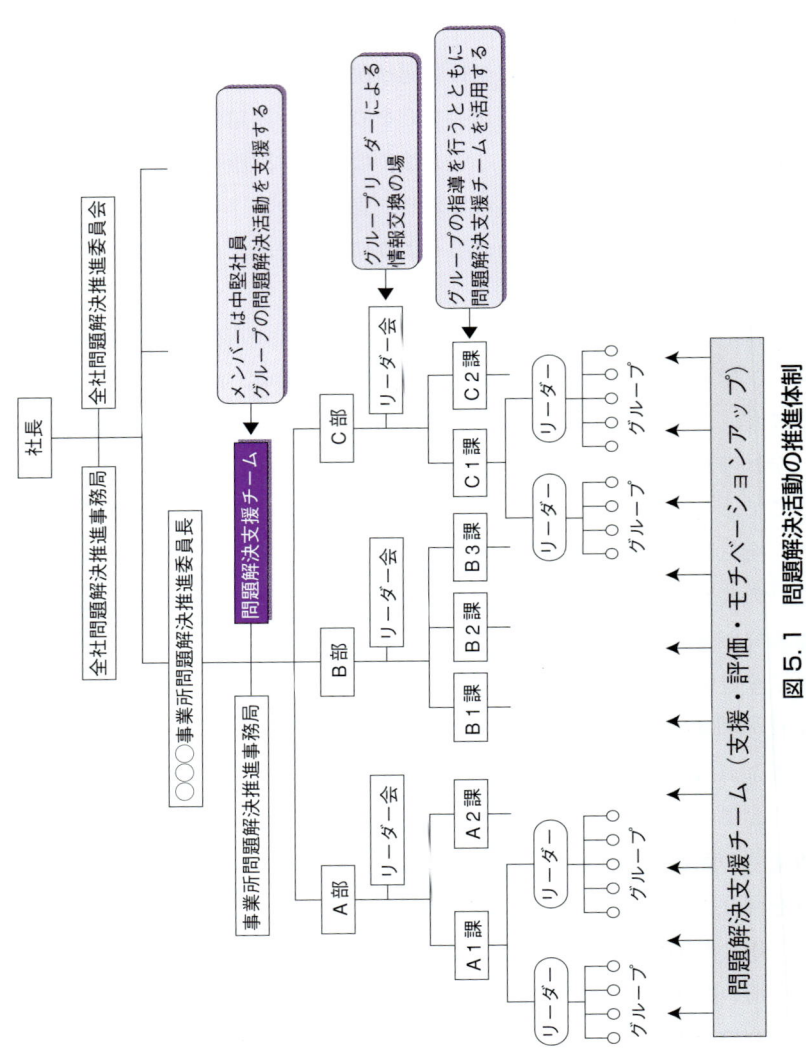

図5.1 問題解決活動の推進体制

た，「問題解決活動報告書」を評価します．

(6) リーダー会

部もしくは課単位でのグループリーダーによる会議体のことです．問題解決活動を実施するうえでの問題点を洗い出し，施策を検討・実施します．

(7) 管理者

課長・係長クラスで実際にマネジメントを執り行っている人のことです．グループの問題解決テーマの選定，活動の指導などを行います．

「問題解決支援チーム」は，実務を通じて実践的に支援します．なお，これと並行して，座学による問題解決の手順や手法の教育も実施するとより効果的です．

全体像がわかったところで，「問題解決支援チーム」はどのように設置したらよいのかを具体的に説明します．

(1) チームメンバー

中堅社員で職場の中核となる人をメンバーとします．職場の状況を把握しており，自らの職務も十分に果たすことのできる人を選びます．

(2) 任命

できるだけ権威のある人が任命します．任命の際には，任命書の授与や社報などにより公開し，任命されたメンバーのやる気を促します．また，活動に対しての後ろ盾がしっかりすることにより，周りの人の意識が高くなります．

(3) 人数

会社・部門の規模によって異なりますが，1部門から1名ずつ選出するとなにかと好都合です．あまり多いとまとまりに欠けてしまい，少なすぎると負荷が増えてしまいます．6〜12名くらいが理想です．

(4) 運営

全社の目標と活動する時間を与え，チームの運営はチームのメンバーに任せます．活動計画をチームで立て，チームとしての目標を掲げます．

5.3 問題解決支援チームによる支援

　では，実際の活動の仕方について見ていきます．まずは，支援活動についてです．「問題解決支援フロー図」を，図5.2 に示します．指導，教えるという立場ではなく，グループの問題解決を支える支援ということを強く意識し，目の高さをグループメンバーと同じにすることなどから"支援"という言葉にこだわります．

　支援を実施するうえでのポイントは，以下の5点です．

(1) テーマの管理

　問題解決テーマは，すべて登録番号を付け，支援状況から完了した「問題解決活動報告書」の評価まで，一括して管理します．ホームページを活用し，オンライン登録することなども作業の効率化には有効です．

(2) 支援実施時期

　現状を把握し，目標設定を終えたところを目安に1回目の支援を行います．以降は，支援要請に基づいて適宜支援します．支援対象グループの進捗具合によっては，次回の支援日程をあらかじめ決めておくのも有効です．

(3) 支援の体制

　問題解決支援チームを3～4人1組の支援班に分け，担当エリア（担当部署）を分担して支援に当たります．担当エリアを設けることにより，グループに対して責任ある支援を行うことができます．

(4) 支援のフィードバック

　支援後は，必ず問題解決支援チームで支援記録を作成し，グループへフィードバックします．支援記録の作成により，自分たちの支援した内容，不足している点が確認でき，問題解決支援チームメンバーのスキルアップに役立ちます．また，支援時に不足したことについて，支援記録に追加してグループメンバーに伝えることもできます．

(5) 支援に当たっての心構え

　　1) 現場へ出向いて支援する．

第5章 問題解決の活動を活性化させる

	実施部署				帳票類 連絡媒体	標準類
	問題解決実施部門		事業所問題解決推進事務局	事業所全体		
	グループ	管理者	問題解決支援チーム			

図中記号:
- グループ: ①① テーマの選定 → テーマの登録申請
- 問題解決支援チーム: ②受付 → ③② 支援担当者の決定 → ⑤② テーマの公開（ホームページ）
- 支援要請 ⇔ 支援実施（グループの支援要請にもとづき支援実施 <3名1組で、平均1.5時間/回>）
- ⑥② 支援実施 → ⑦② 支援結果の共有化
- 問題解決活動の実施（●問題解決型 ●課題達成型 ●施策実行型）
- 「問題解決活動報告書」の完成
- ④◎

帳票類・連絡媒体:
① 問題解決支援チームホームページ［テーマ登録・変更］のリンク先「テーマ登録」
② E-Mail（自動）
③ 問題解決支援チームホームページ［テーマ登録・変更］のリンク先「問題解決支援チーム承認予定一覧」
④ E-Mail（自動）
⑤ 問題解決支援チームホームページ［テーマ登録・変更］のリンク先「登録一覧」
⑥ 問題解決活動支援記録
⑦ 問題解決支援チーム検討会議事録

標準類:
① 問題解決活動運営要領
② 問題解決支援チーム運営要領

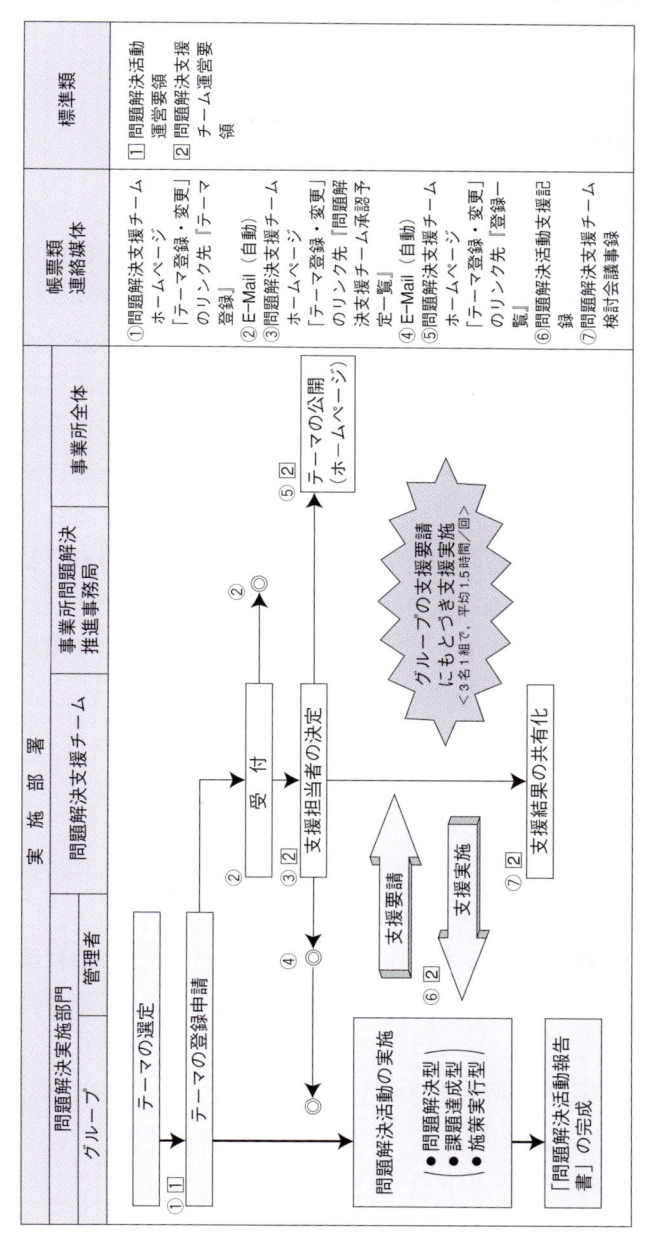

図5.2 問題解決支援フロー図

2) 管理者に立ち会ってもらう．
3) グループメンバーの話をよく聞く．
4) データをもとにグループメンバーと一緒に考える．
5) わかりやすい言葉で説明する．

特に，管理者に立ち会ってもらうことはたいへん重要です．管理者，グループメンバー，問題解決支援チームの意思の統一を図ることが目的です．さらに，管理者の問題解決の指導に対するスキルアップにもなります．

支援開始当初は，支援要請が少ないかもしれません．そういった場合には，根気よく管理者，グループに催促する必要があります．支援を重ねるうちに有効性が認められ，支援回数が増え，支援日程の調整が困難になるかもしれません．しかし，グループの実力が上がってくると必然的に支援回数は減少してきますので，心配はいりません．

支援1回当たりの所要時間は1〜2時間が適当です．あまり長いとだらけてしまいます．また，正式な支援ではなく，「ちょっと教えて欲しい」といった個人的な支援依頼もあります．この"ちょっと支援"にもできる限り対応します．

5.4　問題解決活動の評価

支援活動と並んで問題解決支援チーム活動の重要な役割に評価活動があります．この評価活動の目的は以下の4点です．

① グループが問題解決した内容を報告書にまとめる習慣を付ける．
② "活動内容"の良い点，悪い点を見つけ，グループや管理者のレベルアップを図る．
③ 全社もしくは事業所全体のレベルを正確につかみ，次のアクションにつなげる．
④ 問題解決支援チームのレベルアップを図る．

問題解決活動の評価フロー図の例を，図5.3に示します．

第5章　問題解決の活動を活性化させる

| 標準類 | ①問題解決活動報告書記入要領 | ②問題解決支援チーム運営要領 | ③問題解決テーマ表彰規定 |

| 帳票類 連絡媒体 | ①問題解決活動報告書 | ②問題解決活動評価表 ・問題解決型 ・課題達成型 ・施策実行型 | ③問題解決支援チーム ホームページ 「テーマ登録・変更」 のリンク先「登録一覧」 | ④問題解決支援チーム 検討会議議事録 | ⑤問題解決支援チーム ホームページ 「今月の表彰」 |

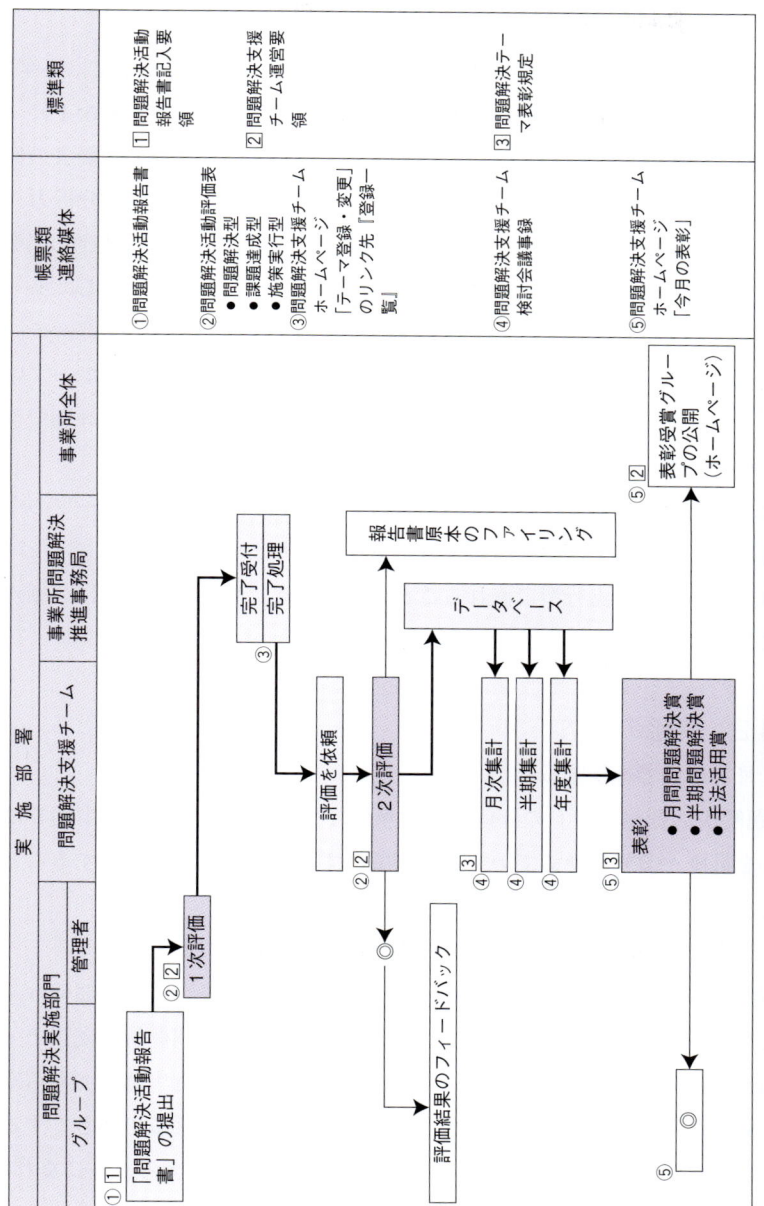

実施部署: 問題解決実施部門（グループ／管理者）、事業所問題解決推進事務局、問題解決支援チーム、事業所全体

フロー:
- ①「問題解決活動報告書」の提出
- ②[2] 1次評価
- ③ 完了受付／完了処理
- 評価を依頼
- ②[2] 2次評価
- 報告書原本のファイリング
- データベース
- ③[3] 月次集計
- ④[4] 半期集計
- ④[4] 年度集計
- ⑤[3] 表彰
  - 月間問題解決賞
  - 半期問題解決賞
  - 手法活用賞
- ⑤[2] 表彰受賞グループの公開（ホームページ）
- 評価結果のフィードバック

図5.3　問題解決評価フロー図

5.4.1 評価表の作成

評価表は，問題解決の手順を正しく理解してもらうための要です．まずは，"問題解決の手順" の3つの型それぞれの評価表を作成します．**図** 5.4 に「問題解決型」，**図** 5.5 に「課題達成型」，**図** 5.6 に「施策実行型」の評価表の例を示します．「問題解決型」を例にとると，①テーマ設定力，②現状分析力，③目標設定力，④解析力，⑤対策案設定と実施力，⑥効果確認力および⑦標準化力の7つの能力に分け，グループの強い点，弱い点がわかるようにしてあります．

評価表は大きく "問題解決の手順"，"手法活用"，"成果"，"グループの運営" の4つの部分に分けてあります．これは，問題解決活動を広く評価できるようにしたいからです．

また，評価点のみではなく，良い点・悪い点をコメントし，グループの今後の活動に役立てることができるように工夫してあります．

なお，安易に施策実行型に流れることのないよう，**図** 5.7 のように評価点の配点に差を付けることも必要です．

5.4.2 評価の方法

(1) 月次単位で評価する

「問題解決活動報告書」の評価は月次単位で行います．四半期や半期では問題解決を計画どおりに進めていくことができず，進捗の遅れを挽回することが困難となるからです．

(2) 管理者と問題解決支援チームの両者で評価する

「問題解決活動報告書」の "問題解決の手順" と "手法活用" の部分は，管理者と問題解決支援チームの両者で評価します．しかし，問題解決支援チームの評価点を最終評価点とします．これは，管理者にも評価を実施してもらうことにより，管理者と問題解決支援チームとの評価における乖離を小さくするためです．管理者が問題解決支援チームとほぼ同じ評価が行えるようになれば，管理者によるグループへの指導も可能となってきます．

なお，"成果"と"グループの運営"については，管理者の評価点をそのまま採用します．この部分は，問題解決支援チームにはわからないからです．

(3) 問題解決支援チームの評価体制

支援班とは別に評価班を編成します．評価班の人数は3～4名で，評価班は毎月編成替えを行います．これは，評価の公平を期すこと，評価のばらつきを少なくするためです．

評価班では一つの報告書を評価メンバーがそれぞれ評価したあと，班内で評価結果の議論を行い，最終評価点を決定します．

(4) 評価についての考え方

「問題解決活動報告書」を一件，一件じっくり読んで評価するのはたいへんなことです．しかし，この地道な努力が問題解決支援チームの糧となります．評価により，「問題解決のレベルを直接知ることができる」，「問題解決をどのように進めればよいかがわかる」からです．「問題解決活動報告書の評価」により，問題解決支援チームのレベルが向上します．

また，管理者は「その問題解決が，利益をいくら生み出したことに相当する」など，金額的効果を算出して示すこともグループの"やりがい"に役立ちます．

5.5　問題解決活動の活性化

問題解決活動を活性化させる"しかけ"として，以下に示すようなものがあります．

(1) 表彰制度

毎月の「問題解決活動報告書」の評価結果をもとに，賞を設定して表彰します．表彰されることは，問題解決を実施しているグループにとって栄誉であるばかりでなく，自信が付き，さらにやる気にもつながります．

"賞"としては，以下のようなものがあります．

　　1) 月間問題解決賞

問題解決活動評価

テーマ登録No.		テーマ名			グループ登録No.		テーマ責任者
					グループ名		

評価項目			管理者	チーム	評価項目		
1	**テーマ設定力** 【テーマ名】【1. テーマの選定】	8			4	**解析力** 【4. 要因の解析】	
テーマ名	①「○○における△△の××」の形になっている	1			要因抽出	①特性および要因の表現が適切である	
	②○○が製品名、工程名、作業名等になっている	1				②現状把握をふまえ適切な要因が抜け落ちなく洗い出されている	
	③△△が管理特性として結果系になっている テーマの大きさが適切である	2				③重要要因が的確に選定されている	
	④××が水準、方向となっている	1			検証と掘り下げ	④データに基づいて検証している 検証結果が図表化されている	
選定理由	⑤目的、必要性を直接的に捉え、箇条書きにしている	2				⑤統計的に検証されている、または、技術的に検証されている	
	⑥部、課の方針や目標との関連がわかる	1				⑥主要な要因であることがわかる	
2	**現状分析力** 【2. 現状の把握】	15				⑦真の原因レベルまで掘り下げている	
概要	①工程または作業について概要がわかる	2			まとめ	⑧特性への影響がわかる	
	②管理特性の定義が明確になっている	3				⑨要因の表現が適切である 対策的な表現になっていない	
調査解析	③管理特性の過去の推移がわかる 管理特性の単位（期間）が適切である	2			5	**対策案設定と実施力** 【5. 対策の検討と実施】	
	④管理特性を様々な角度（時間・場所・機種・現象）から調べている	2			検討	①要因解析の結果に基づいて展開されている	
	⑤管理特性の悪さのばらつき、カタヨリに注目している	2				②対策案が偏っていない	
	⑥現状把握（結果系）と要因解析（原因系）の区別がついている	1				③対策実施案の選定経過が明確である	
まとめ	⑦管理特性の悪さ加減がまとめてある ベンチマークとしてまとめてある	3				④ほかへの影響を考慮している	
3	**目標設定力** 【2. 目標の設定 3. 活動計画の作成】	8			実施	⑤実施した対策が具体的に表現されている 図表にまとめてある	
特性	①管理特性が適切である テーマの管理特性と異なる場合は、現状の把握で関係が明確になっている	2				⑥要因に対する有効性がわかる	
期限	②期限が適切である 活動計画が作成されている	2			6	**効果確認力** 【6. 効果の確認】	
目標値	③挑戦的な目標になっている	2			有形	①管理特性で確認されている 対策前後の管理特性がグラフで示されている	
	④絶対値で、単位が明確になっている ベンチマークが明記してある	2				②目標値が示されており、達成の有無がわかる 確認データの期間が十分である	
コメント						③管理特性に対する個々の対策の効果が区別できている	
管理者（良い点・悪い点）						④管理特性以外への効果（コスト等）もまとめている	
						⑤ほかへの悪い影響を確認している	
〈効果金額：　　　　　　　　円／年〉					無形	⑥無形の効果が適切に表現されている	
支援チーム（良い点・悪い点）					7	**標準化力** 【7. 標準化と管理の定着】	
					標準化	①個々の対策内容が標準化されている	
						②標準化（対策）内容が教育・訓練により周知徹底されている	
					管理の定着	③実施した対策に対する管理のやり方が決められている	
						④管理特性に対する管理のやり方が決められている	
					この評価表は「問題解決型」です		

図 5.4　問題解決型

第 5 章　問題解決の活動を活性化させる　　193

表（問題解決型）

管理者	チーム	No.	評価項目	評価基準	管理者	支援チーム
24		1	問題解決の手順	左表の合計点	/100	/100
3						
3		2	手法の活用	─ QC手法 ─ QC七つ道具，新QC七つ道具 その他言語解析，等 ┌ 0：使われていない ├ 5：チャレンジしている ├ 10：活用している └ 15：有効に活用している	中間点可 /15	/15
2						
4						
2						
3						
3						
2						
2				─ SQC手法 ─ 統計的検定，分散分析 多変量解析，等 ┌ 0：使われていない ├ 5：チャレンジしている └ 10：有効に活用している	中間点可 /10	/10
16						
2						
2						
2						
2						
4						
4		3	成　果	管理者の期待に対する達成率 ┌ 0：50％未満の達成率 ├ 10：60％の達成率 ├ 20：70％の達成率 ├ 30：80％の達成率 ├ 40：期待通りの達成率 ├ 45：期待以上の成果 └ 50：社内外に誇れる成果	中間点可 /50	管理者の評価を採用
17						
4						
4						
2						
3		4	グループの運営	チームワーク ┌ 0：協力体制が無い ├ 5：協力体制が弱い ├ 10：ほぼ全員参加 └ 15：全員参加で活発	中間点可 /15	管理者の評価を採用
2						
2						
12						
3				スケジュール管理 ┌ 0：大幅に遅れた ├ 5：若干遅れた └ 10：予定内に完了	中間点可 /10	
3						
3						
3						
			総合評価点		/200	/200

による活動の評価表

問題解決活動評価

テーマ登録No.		テーマ名		グループ登録No.		テーマ責任者
				グループ名		

	評 価 項 目		管理者	チーム		評 価 項 目	
1	テーマ設定力【テーマ名】【1. テーマの選定】	8			4	方策検討力【3. 方策の立案】	
テーマ名	①「○○における△△の××」の形になっている	1			方策の立案	①攻め所に焦点をあてて方策案を出している	
	②○○が製品名、工程名、作業名等になっている	1				②方策案が偏っておらず、ツールの活用などにより方策案が十分に出されている	
	③△△が管理特性として結果系になっているテーマの大きさが適切である	1				③方策案が期待効果の高い順に評価、採用され安易な方策案に流れていない	
	④××が水準、方向となっている	1			5	シナリオ形成力【4. 成功シナリオの追究】	
選定理由	⑤目的、必要性を直接的に捉えている	1			成功シナリオ追究	①選ばれた方策について実施手順が明確になり制約条件が考慮されている	
	⑥部、課の方針や目標との関連がわかる	1				②期待効果を数値で予測し目標達成の可能性をチェックしている	
	⑦課題達成型を選定した理由がわかる	2				③予想される障害・悪影響に対し、事前防止策を検討して見通しを得ている	
2	課題の抽出力【2. 攻め所】	20				④総合評価で最適策が選定さている	
概要	①工程または作業について概要がわかる	2			6	方策実施力【5. 成功シナリオの実施】	
調査解析	②実現させる項目に抜けや落ちがない	2			検討	①実行計画が具体的に策定されている	
	③現在の姿を適切に把握している	3			実施	②実施した対策が具体的に表現されている図表にまとめてある	
	④ありたい姿を適切に把握している	3				③実施した対策ごとに成功シナリオへの有効性がわかる	
	⑤実現させる項目を定量化している	1			7	効果確認力【6. 効果の確認】	
	⑥現在の姿とありたい姿の関係が整理されていてギャップがわかる	4			有形	①効果が管理特性で確認されている	
	⑦攻め所の候補が適切に表現され、偏っていない	2				②目標値が示されており、達成の有無がわかる	
まとめ	⑧攻め所が適切に選定されている	3				③管理特性に対する実施した対策の効果が区別できている	
3	目標設定力【2. 目標の設定】	9				④管理特性以外の効果(コスト等)もまとめている	
特性	①管理特性が適切である攻め所毎にサブ目標を設定してもよい	3				⑤ほかへの悪い影響を確認している	
期限	②期限が適切である活動計画が作成されている	2			無形	⑥無形の効果が適切に表現されている	
目標値	③挑戦的な目標になっているかまたは、上位の目標を達成できる目標設定か	2			8	標準化力【7. 標準化と管理の定着】	
	④目標が具体的になっているか	2			標準化	①実施した対策が標準化されている	

コメント

管理者(良い点・悪い点)

〈効果金額: 　　　　 円/年〉

支援チーム(良い点・悪い点)

標準化	②標準化内容が教育・訓練により周知徹底されている
管理の定着	③実施した対策に対する管理のやり方が決められている
	④管理特性に対する管理のやり方が決められている

★★★この評価表は「課題達成型」用です★★★

図5.5 課題達成型

表（課題達成型）

管理者	チーム	No	評価項目	評価基準	管理者	支援チーム
			評価者（管理者）	提出日　　年　　月　　日　　部　　課　　係・G	管理者印	
9	2	1	問題解決の手順	左表の合計点	/100	/100
3				QC手法　QC七つ道具，新QC七つ道具　その他言語解析，等		
4						
13	3			0：使われていない　5：チャレンジしている　10：活用している　15：有効に活用している	中間点可	
4						
4		2	手法の活用		/15	/15
2				SQC手法　統計的検定，分散分析　多変量解析，等		
12					中間点可	
4						
4				0：使われていない　5：チャレンジしている　10：有効に活用している		
4					/10	/10
17				管理者の期待に対する達成率		
4						
4				0：50％未満の達成率　10：60％の達成率　20：70％の達成率　30：80％の達成率　40：期待通りの達成率　45：期待以上の成果　50：社内外に誇れる成果	中間点可	管理者の評価を採用
3		3	成　果			
2						
2					/50	
2				チームワーク		
12				0：協力体制が無い　5：協力体制が弱い　10：ほぼ全員参加　15：全員参加で活発	中間点可	管理者の評価を採用
3						
3		4	グループの運営		/15	
3				スケジュール管理　0：大幅に遅れた　5：若干遅れた　10：予定内に完了	中間点可	
3					/10	
				総　合　評　価　点	/200	/200

による活動の評価表

問題解決活動評価表（施策実行型）

テーマ登録 No.	テーマ名			管理者印
グループ登録 No.		テーマ責任者	年　月　日提出	
グループ名		管理者	部　　課　　係・G	

No.	評価項目	評価基準		管理者評価点	支援チーム評価点
1	問題解決の手順	施策実行型	20：ねらい所・対策がもう一歩 30：ねらい所・対策はよい 40：非常に効果的な進め方をしている	○で囲む 20・25・30・35・40 /40	20・25・30・35・40 /40
2	手法の活用 (中間点可)	QC 手法 ［QC 七つ道具， 新 QC 七つ道具， その他言語解析， 等］	0：使われていない 5：チャレンジしている 10：活用している 15：有効に活用している	/15	/15
		SQC 手法 ［検定・推定， 分散分析， 多変量解析，等］	0：使われていない 5：チャレンジしている 10：有効に活用している	/10	/10
3	成果 (中間点可)	管理者の期待に対する達成率	0：50％未満の達成率 10：60％の達成率 20：70％の達成率 30：80％の達成率 40：期待通りの達成率 45：期待以上の成果 50：社内外に誇れる成果	/50	3，4項は管理者評価を採用する
4	グループの運営 (中間点可)	チームワーク	0：協力体制が無い 5：協力体制が弱い 10：ほぼ全員参加 15：全員参加で活発	/15	
		スケジュール管理	0：大幅に遅れた 5：若干遅れた 10：予定内に完了	/10	
5	総合評価点	1，2，3，4項の合計点数		/140	/140

《効果金額：　　　　　円／年》

図5.6　施策実行型による活動の評価表

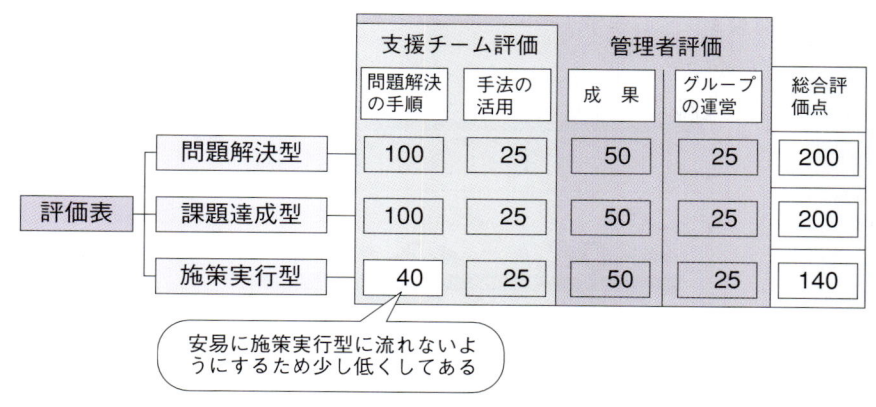

評価表		支援チーム評価		管理者評価		総合評価点
		問題解決の手順	手法の活用	成果	グループの運営	
	問題解決型	100	25	50	25	200
	課題達成型	100	25	50	25	200
	施策実行型	40	25	50	25	140

(施策実行型の「40」について)安易に施策実行型に流れないようにするため少し低くしてある

図 5.7　評価点の配分

2) 半期問題解決賞
3) 手法活用賞

(2) 問題解決発表会の開催

　人は誰でも「認められたい」，「ほめられたい」という欲求を持っています．これらを実現する手段が発表会です．自分たちの活動をまとめ，報告することによって，管理者や部外の人たちに活動内容を知ってもらったり，評価してもらったりすることができます．そして，これらの発表は自己研鑽や相互啓発の場として活用します．

　発表するための準備段階で，自分たちの活動を整理しまとめることにより，自己評価することもできます．さらには，自信が付くという得難い効果も期待できます．

(3) 「問題解決活動ニュース」の発行

　問題解決に関する情報を広く公開し，意識を向上させるために「問題解決ニュース」などを発行すると有効です．公開する情報の内容は，問題解決活動状況，表彰結果，QC手法の活用方法，発表会の開催案内などがあります．

　ニュースの提供媒体としては，印刷物による配布，LANの活用，ホームページによる公開などがあります．ホームページによる「問題解決活動ニュース」

の例を，**図 5.8** に示します．

図5.8 ホームページを活用した「問題解決活動ニュース」

引用・参考文献

[引用文献]

1) 細谷克也:『QC的ものの見方・考え方』,日科技連出版社,1984.
2) 佐藤充一:『問題の構造学』,ダイヤモンド社,1977.
3) 日科技連問題解決研究部会(編):『TQCにおける問題解決法』,日科技連出版社,1985.
4) 細谷克也:『QC的問題解決法』,日科技連出版社,1989.
5) 狩野紀昭,他:「TQC推進におけるゼロ問題・低減問題・増加問題の解決手順についての研究(その1)(その2)」,『日本品質管理学会第13回年次大会発表要旨集』,日本品質管理学会,1983.
6) 狩野紀昭(監修),新田 充(編):『QCサークルのための課題達成型QCストーリー(改訂第3版)』,日科技連出版社,1999.
7) 増子俊哉,他:「SQCチームによる改善活動の推進」,『品質管理』,Vol.50,No.5,pp.72-82,1999.
8) TQC用語検討小委員会報告:「管理項目・方針管理・日常管理・機能別管理・部門別管理の定義」,『品質管理』,Vol.39,No.3,日本科学技術連盟,1988.

[参考文献]

- 三浦,狩野,津田,大橋(編):『TQC用語辞典』,日本規格協会,1985.
- 日本規格協会(編):『JISハンドブック品質管理(1999)』,日本規格協会,1999.
- 富士ゼロックス㈱QC研究会(編):『実験計画法問答集』,日本規格協会,1989.
- 細谷克也:『QC手法100問100答』,日科技連出版社,2004.
- 日本プラントメンテナンス協会(編):『TPM用語集』,日本プラントメンテナンス協会,1983.
- 日本プラントメンテナンス協会(編):『TPM設備管理用語辞典』,日本プラントメンテナンス協会,1994.

索引

[ア行]

IE 手法　33
アイデア　116, 123
　——発想法　117
　——を出すための方法　18
与えられた問題　8
ありたい姿　105
あるべき姿　7
アロー・ダイヤグラム法　33
維持　93
　——管理　166
運営　185
NM 法　117
FMEA　157
FTA 図　64
OR 手法　33

[カ行]

回帰分析　32
仮説　65
課題　11
　——の意味　11
課題達成型　13, 97
　——による活動の評価表　194, 195
　——の実施手順　99
　——の手順　16, 17
　——を選択した方が良い場合　24
活動計画　58, 110, 156
　——の作成　58, 60
　——表　58, 59
簡易分析法　32
間接的効果　82
官能検査法　33

管理項目　154
管理者　157, 185
管理図　32
管理特性　42, 46, 47, 49, 50, 56, 57, 102, 106, 114, 137, 139, 146, 148, 149, 154, 157, 166
　——のありたい姿　107
　——の構成要素　150
　——のチェック　94, 174
　——の定義　53
管理の定着　91, 92, 138, 172
期限　157
期待効果　117
　——の評価　118
希望点列挙法　117
ギャップ　7, 105, 107
　——と攻め所　111
　——の定量化　109
QC サークル　30
QC 周辺の手法　33
QC 手法　30, 36
　——の活用　31
　——の種類と用途　32, 33
QC ストーリー　18
QC 七つ道具　32
教育・訓練　92, 95, 138, 172
金額効果　85
グラフ　32
グループ　30, 36
　——成長　86, 136, 137, 170
経営トップの役割　181
系統図　61
　——によるねらい所の設定　150

——法　33
月間問題解決賞　191
結論　65
懸念点の対応策　75
現在の姿　105
検証　65, 71
現状維持の問題　8
現状打破の問題　8
現状との差（ギャップ）　7
現状の把握　47, 54, 149
　——と対策のねらい所　148, 151
　——と目標の設定　46, 53
　——のデータを用いた効果の確認　83
現状把握　46
現状レベル　48, 106, 150, 154
検定　59
　——・推定　32
効果が維持　173
効果金額　135, 137
効果的な問題解決を行うための10ポイント　35
効果の維持確認　176
効果の確認　82, 83, 88, 90, 132, 134, 166, 167, 168, 170
　——グラフ　133
　——体制　96, 140, 177
個人　29
工程の概要　53
困難度のランク付け　106

[サ行]
最適化手法　32
探し，創り出した問題　8
サブテーマ　102
三現主義　148
散布図　32
サンプリング法　33
支援実施時期　186

支援に当たっての心構え　186
支援の体制　186
支援のフィードバック　186
事業所問題解決推進委員長　183
事業所問題解決推進事務局　183
施策実行型　13, 141
　——による活動の評価表　196
　——の実施手順　143
　——の手順　18, 19
　——を選択した方が良い場合　25
実験計画法　32
実行案　158
実施案　166
指導・支援の時期　147
シナリオの期得効果　124
周知徹底　177
手法活用賞　197
主要因　73
障害および前提条件の検討表　123
小集団活動　36
職場の運営　4
職場の問題　4
新QC七つ道具　33
信頼性工学　33
親和図法　33
成果　90, 171
成功シナリオ　120, 124, 131, 132
　——の実施　124, 125
　——の選定　122
　——の追究　120, 121
　——の追究と決定　121
成長の評価表　87
設定型の問題　8
攻め所候補　115
　——の抽出　109
攻め所選定シート　108, 113
攻め所と目標の設定　105, 111
攻め所に対する効果　125

攻め所の候補　108, 119, 124, 131
攻め所の選定　109
ゼロ問題　9
全社問題解決推進委員会　183
全社問題解決推進事務局　183
増加問題　9
相関分析　32
創造性工学　33
層別　50
その他のQC手法　33
その他の効果　88, 135

[タ行]
対策　73, 74, 75, 124, 159
　　──案　80, 81, 158, 165
　　──案の選定　74
　　──毎の効果確認　90, 171
　　──毎の有効性の確認　84
　　──実施計画　72
　　──と効果の管理　140
　　──の維持管理　93, 174
　　──の検討　76, 79
　　──の検討と実施　72, 76, 158, 160
　　──の効果　75, 124, 159
　　──の実施　77, 80, 160
　　──の周知徹底　140
　　──の標準化　139
　　──のねらい所　148, 158, 160
　　──のねらい所シート　150, 153
　　──の有効性　166
達成期間　154
多変量解析法　32
探索型の問題　8
チェックシート　32
チェックリスト法　117
チーム　30
　　──メンバー　185
直接的効果　82

直交多項式　32
低減問題　9
データ解析　65
テーマ　154
　　──選定の理由　43, 102, 147
　　──の管理　186
　　──の選定　40, 100, 144
　　──名　40, 41, 43, 45, 100, 101, 102, 104, 144, 145, 147
統計的方法　32
特性の維持管理　93
特性要因図　32, 61, 63

[ナ行]
二項確率紙　32
日常管理　28
　　──と方針管理の関係　29
　　──と問題解決活動　28
日常ぶつかった問題　8
人数　185
任命　185
抜取検査法　33
ねらい所　151, 154
　　──に対する効果確認　160
ねらったものの効果　82

[ハ行]
発生型の問題　8
パレート図　32
半期問題解決賞　197
反省と今後の進め方　95
BM　48, 86
ヒストグラム　32
PDPC法　33, 157
評価点の配分　197
評価の方法　190
評価表　190
　　──の作成　190

標準化　*91, 92, 95, 138, 172*
　——と管理の定着　*91, 94, 138, 139, 172, 174*
　——と対策の維持管理　*175*
　——のまとめ　*92, 139*
標準書　*140, 176*
標準偏差　*86*
標準類　*93, 138, 172*
表彰制度　*191*
疲労度のランク付け　*149*
VE 手法　*33*
副次効果　*132*
付随して得られた効果　*82*
フールプルーフ化　*92, 172*
ブレーン・ストーミング法　*117*
プロジェクトチーム　*29*
ベンチマーク（benchmark：BM）　*48, 86*
　——の設定　*49*
方策案　*116, 120, 123*
　——の選定　*119*
方策展開型系統図　*73, 77, 159, 161*
方策の立案　*116, 118*
方針管理　*27*
　——と問題解決活動　*27*
ほかへの影響　*84, 90, 133, 135, 167, 171*
ポカよけ　*92, 138, 172*
母分散の比の検定　*83*
母平均の差　*83*
本書による講習会のカリキュラム　*vi*
本書の読み方・使い方　*v*

[マ行]

マトリックス図法　*33*
マトリックス・データ解析法　*33*
満足度のランク付け　*146*
無形の効果　*52, 85, 88, 91, 109, 132, 134, 136, 168, 170, 171*
目標　*7, 51, 52, 109, 110, 158*
　——期限　*110, 155*
　——値　*46, 154*
　——値達成レベル　*115*
　——の 3 要素　*51, 105, 155*
　——の設定　*56, 57, 114, 154, 156*
問題　*7, 11*
　——意識　*10*
　——と課題の違い　*11*
　——とは　*7*
　——の意味　*11*
　——の現状　*148*
　——の設定　*7*
　——の設定方法　*9, 10*
　——の分類　*8*
問題解決型　*13, 37*
　——による活動の評価表　*192, 193*
　——の実施手順　*39*
　——の手順　*14, 15, 18*
　——の手順と QC ストーリーの関係　*20*
　——を選択した方が良い場合　*23*
問題解決活動計画表　*60*
問題解決活動ニュース　*197, 198*
問題解決活動の活性化　*191*
問題解決活動の重要性　*4*
問題解決活動の推進体制　*184*
問題解決活動の全社的組織　*182*
問題解決活動の評価　*188*
問題解決活動報告書　*58, 110, 190*
問題解決支援チーム　*183, 185, 190, 191*
　——による支援　*186*
問題解決支援フロー図　*187*
問題解決とグループ活動　*29*
問題解決の型の選び方　*23*
問題解決の型の使い分け　*20*

問題解決の型の乗り換え　26
問題解決の基本ステップ　21
問題解決のための基本的態度　35
問題解決の手順　12
　――の特徴　22
　――の比較　21
　――の3つの型　13
問題解決の方法　12
問題解決のやり方　1
問題解決発表会　197
問題解決評価フロー図　189

[ヤ行]

やる気　181
有意水準　59
有形の効果　82, 132, 134, 168
要因　61

――解析　61
――追究型系統図　63
――の洗い出し　62, 70
――の解析　61, 66
――の検証　66
――の掘り下げ　71
4M　61, 172

[ラ行]

リーダー会　185
連関図　63
　――法　33

[ワ行]

ワンポイントレッスン（one-point lessons）　86

編著者・執筆者紹介

細谷 克也（編著者，第1章執筆担当）
1938年 生まれ
1983年 日本電信電話公社（現NTT），近畿電気通信局 調査役を経て退職
現　在 品質管理総合研究所 代表取締役所長，日本科学技術連盟 参与，日本規格協会 嘱託，技術士（経営工学部門，文部科学省登録第6166号），品質システム主任審査員（JRCA登録No. A00001，国際IATCA登録No. I00102），QCサークル上級指導士（JUSE登録No. C0001），デミング賞委員，日本品質奨励賞委員，デミング賞本賞受賞（1998年）

須加尾 政一（第5章執筆担当）
1957年 生まれ
現　在 コニカミノルタビジネスエキスパート㈱社会環境統括部 業務部 品質推進グループ 課長，QCサークル上級指導士（JUSE登録No. C0100）

市村 康人（第2章執筆担当）
1960年 生まれ
現　在 コニカミノルタエムジー㈱生産センター 生産技術部 包装グループ 課長

和田 良裕（第3章執筆担当）
1958年 生まれ
現　在 コニカミノルタエムジー㈱生産センター 生産管理部 生管資材グループ 課長

増子 俊哉（第4章執筆担当）
1960年 生まれ
現　在 コニカミノルタビジネスエキスパート㈱エンジニアリング統括部 生産エンジニアリング部 課長

〈本書にご協力いただいたコニカSQCチームの方々〉

中満 篤己	白石 和磨	佐藤 幸雄	坂田 和彦	小池 晃
鈴木 勝豊	神尾 孝	生天目 正人	勝沼 健也	大野 静哉
田尻 英彦	赤岩 明	森田 栄一		

すぐわかる 問題解決法

2000年11月3日　第1刷発行
2021年4月5日　第16刷発行

編著者　細谷 克也
発行人　戸羽 節文

発行所　株式会社 日科技連出版社
〒151-0051 東京都渋谷区千駄ケ谷5-15-5
DSビル
電話　出版　03-5379-1244
　　　営業　03-5379-1238

検印省略

印刷・製本　三秀舎

Printed in Japan
©Katsuya Hosotani et al. 2000
ISBN978-4-8171-9113-7

URL http://www.juse-p.co.jp/

日科技連ライブラリー

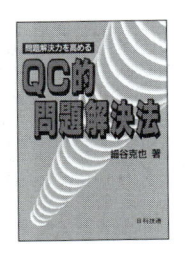

QC 的問題解決法
――問題解決力を高める――
● 細谷　克也 ［著］

やさしい QC 手法演習
QC 七つ道具
――新 JIS 完全対応版――
● 細谷　克也 ［著］

なるほど・ザ・やさしい統計手法
QC 七つ道具 100 問 100 答
● 細谷　克也 ［著］

なるほど・ザ・やさしい統計手法
QC 手法 100 問 100 答
● 細谷　克也 ［著］

★日科技連出版社の図書案内はホームページでご覧いただけます．
URL http://www.juse-p.co.jp/

● 日科技連出版社